岩波文庫

34-209-7

職業としての政治

マックス・ヴェーバー著
脇　圭平訳

岩波書店

Max Weber

POLITIK ALS BERUF

1919

目　次

職業としての政治

諸君の希望でこの講演をすることになったが、私の話はいろんな意味で、必ずや諸君をがっかりさせるだろうと思う。職業としての政治をテーマとした講演である以上、諸君の方ではどうしたって、今のアクチュアルな時事問題に対する態度の表明というものを期待なさるだろう。しかし、その点はこの講演の最後の方で、生活全体の営みの中で政治行為がもっている意味について、若干の問題を提起する際に、ごく形式的に申し述べるだけになると思う。一方、どういう政治をなすべきか、つまり、どういう内容をわれわれの政治行為に盛るべきか、といった種類の問題となると、今日の講演では全部カットせざるをえない。というのは、そんな問題は、職業としての政治とは何であり、またそれがどういう意味をもちうるのか、といった一般的な問題と、何の関係もないからである。――さっそく本論に入ろう。

政治《ポリティーク》とは何か。これは非常に広い概念で、およそ自主的におこなわれる指導行為なら、すべてその中に含まれる。現にわれわれは、銀行の為替政策とか、国立銀行の手形割引政策だとか、ストライキの際の労組の政策がどうだ、などと言っているし、都市や農村の教育政策、ある団体の理事会の指導政策、いやそればかりか、利口な細君の亭主操縦政策などといった、そんな言い方もできる。しかし、今晩われわれが考察の基礎に置いているのは、このような広い意味での政治概念ではない。今日ここで政治という場合、政治団体——現在でいえば国家——の指導、またはその指導に影響を与えようとする行為、これだけを考えることにする。

それでは、社会学的にみた場合の「政治」団体とは何か。したがって「国家」とは何か。国家もまた、その活動の内容から考えていったのでは、社会学的に定義することはできない。どんな問題であれ、まずたいていの問題は、これまでどこかどの政治団体かが一度は取り上げてきたと考えられるし、といってこれだけは、いつの時代でも百パーセント、政治的な団体——この政治的と呼ばれる団体は現在でいえば国家であり、歴史的にみれば近代国家の先駆となった団体である——の専売特許だった、と断言できるような、そんな問題も存在しない。むしろ近代国家の社会学的な定義は、結局は、国家を含めたすべての政治団体に固有な・特殊の手段、つまり物理的暴力の行使に着目してはじめて可能となる。「すべての国家は暴力の上に基礎づけられている」。トロツキーは例のブレスト-リトウスク[1]でこう喝破したが、この言葉は実際正しい。もし手段としての暴力行使とはまったく縁のない社会組織しか存在しないとしたら、それこそ「国家」の概念は消滅し、このような特殊な意味で「無政府状態《アナーキー》」と呼んでよいような事態が出現していたに違いない。もちろん暴力行使は、国家にとってノーマルな手段でもまた唯一の手段でもない――そして、そんなことをここで言っているのではない――が、おそらく国家に特有な手段ではあるだろう。そして実際今日、この暴力に対する国家の関係は特別に緊密なのである。過去においては、氏族《ジッペ》を始めとする多種多様な団体が、物理的暴力をまったくノーマルな手段として認めていた。ところが今日では、次のように言わねばなるまい。国家とは、ある一定の領域の内部で――この「領域」という点が特徴なのだが――正当な物理的暴力行使の独占を（実効的に）要求する人間共同体である、と。国家以外のすべての団体や個人に対しては、国家の側で許容した範囲内でしか、物理的暴力行使の権利が認められないということ、つまり国家が暴力行使への「権利」の唯一の源泉とみなされているということ――これは確かに現代に特有な現象である。

だから、われわれにとって政治とは、国家相互の間であれ、あるいは国家の枠の中で、つまり国家に含まれた人間集団相互の間での場合であれ、ようするに権力の分け前にあずかり、権力の配分関係に影響を及ぼそうとする努力である、といってよいであろう。

これは大体において、日常の用語法にも合致している。われわれがある問題について、これは「政治的な」問題だといったり、ある閣僚や官僚を「政治的」官吏と呼んだり、この政策決定には「政治的な」色がついているなどという場合、そこではつねに次の点が考えられている。つまり、その問題にどう答えるかの決め手となり、あるいはその決定を制約し、当該公務員の活動範囲を規定するものが、いずれも権力の配分・維持・変動に対する利害関心だということである。――政治をおこなう者は権力を求める。その場合、権力を別の目的(高邁《こうまい》な目的または利己的な目的)のための手段として追求するか、それとも権力を「それ自体のために」、つまり権力自体がもたらす優越感を満喫するために追求するか、そのどちらかである。

国家も、歴史的にそれに先行する政治団体も、正当な(正当《レギティーム》なものとみなされている、という意味だが)暴力行使という手段に支えられた、人間の人間に対する支配関係である。だから、国家が存続するためには、被治者がその時の支配者の主張する権威に服従することが必要である。では被治者は、どんな場合にどんな理由で服従するのか。この支配はどのような内的な正当化の根拠と外的な手段とに支えられているのか。

まず、支配の内的な正当化、つまり正当性の根拠の問題から始めると、これには原則として三つある。第一は「永遠の過去」がもっている権威で、これは、ある習俗がはるか遠い昔から通用しており、しかもこれを守り続けようとする態度が習慣的にとられることによって、神聖化された場合である。古い型の家父長や家産領主のおこなった「伝統的支配」がそれである。第二は、ある個人にそなわった非日常的な天与の資質(カリスマ)がもっている権威で、その個人の啓示や英雄的行為その他の指導者的資質に対する、まったく人格的な帰依《きえ》と信頼に基づく支配、つまり「カリスマ的支配」である。預言者や――政治の領域における――選挙武侯、人民投票的支配者、偉大なデマゴーグや政党指導者のおこなう支配がこれに当たる。最後に「合法性」による支配。これは制定法規の妥当性に対する信念と、合理的につくられた規則に依拠した客観的《ザッハリッヒ》な「権限」とに基づいた支配で、逆にそこでの服従は法規の命ずる義務の履行という形でおこなわれる。近代的な「国家公務員」や、その点で類似した権力の担い手たちのおこなう支配はすべてここに入る。――もちろん実際の服従で非常に強い動機となっているのは、恐怖と希望――魔力や権力者の復讐に対する恐怖、あの世やこの世での報奨《ローン》に対する希望――であり、また、それと並んでさまざまな利害関心が考えられる。その点についてはすぐあとでふれるが、いずれにせよ、この服従の「正当性」の根拠を問いつめていけば、結局は以上の三つの「純粋」型につき当たるわけである。しかもこの正当性の観念や、それが内的にどう基礎づけられるかは、支配の構造にとってきわめて重要な意味をもっている。もちろん純粋型は実際にはほとんど見当たらないし、これら純粋型相互の間の変容・移行・結合の関係はおそろしくこみいったものである。が、その点に立ち入ることは、今日の講演ではできない。それは「一般国家学」の問題である。

ここでとりわけわれわれの興味を惹くのは、三つの型の中の第二のもの、すなわち支配が指導者の純粋に個人的な「カリスマ」に対する服従者の帰依に基づいている場合である。「天職《ベルーフ》」という考え方が最も鮮明な形で根を下ろしているのが、この第二の型だからである。預言者、戦争指導者、教会や議会での傑出したデマゴーグがもつ「カリスマ」に対する帰依とは、とりもなおさずその個人が、内面的な意味で人々の指導者たる「天職を与えられている」と考えられ、人々が習俗や法規によってではなく、指導者個人に対する信仰のゆえに、これに服従するという意味である。指導者個人は、彼が矮小《わいしょう》で空疎な一時的な成り上がり者でない以上、自分の仕事《ザッヘ》に生き、「自分の偉業をめざす」であろう。しかし彼に従う者——つまり彼の弟子・子分・まったく個人的なシンパ——の帰依の対象は、彼の人柄《ペルゾーン》であり、その人の資質に向けられている。過去における指導者の最も重要な形態としては、一方で呪術者と預言者、他方で選挙武侯・一味の首領・傭兵隊長の二つに大別できるが、こうした形での指導者の登場はどんな地域、どんな時代にも見られた。しかしここで、われわれにもっと関係の深い政治指導者——まず自由な「民衆政治家《デマゴーグ》」として、次いで議会での「政党指導者」という形で登場した政治指導者——となると、これは西洋独自のものである。自由な「デマゴーグ」は確かに西洋、それも地中海文化に特有な都市国家という土壌の上でしか育たなかったし、「政党指導者」の方も、同じく西洋でのみ根を下ろした立憲国家という土壌の上で育った独特の指導者タイプである。

ところでこれらの指導者は言葉の最も本来的な意味での「天職」に基づいた政治家であるが、むろん現実における政治権力闘争はどこでも、彼らの力だけで推進できるものではない。決定的に重要なのは、むしろ彼らの手足となって働く補助手段の方である。政治的支配権力はどのようにして自己の支配権を主張し始めるのか。この問いはあらゆる種類の支配について、従ってどんな形態の政治的支配——伝統的支配、合法的支配、カリスマ的支配——についても当てはまる。

どんな支配機構も、継続的な行政をおこなおうとすれば、次の二つの条件が必要である。一つはそこでの人々の行為が、おのれの権力の正当性を主張する支配者に対して、あらかじめ服従するよう方向づけられていること。第二に、支配者はいざという時には物理的暴力を行使しなければならないが、これを実行するために必要な物財が、上に述べた服従を通して、支配者の手に掌握されていること。ようするに人的な行政スタッフと物的な行政手段の二つが必要である。

行政スタッフは、政治的支配機構が存在しているという事実を——政治以外のどの機構(経営)でもそうだが——外に向かって表示するものである。もちろん彼らも、いま述べた正当性の観念だけで権力者への服従に釘づけされているのではない。そうではなく物質的な報酬と社会的名誉という、個人的関心をそそる二つの手段が服従の動機となっている。封臣における封邑《レーエン》、家産官僚の 俸禄《プフリュンデ》(2)、近代の国家公務員における俸給——それに騎士の名誉、身分的特権、官吏たることの名誉を含めた広い意味での報酬と、それらを失うことへの不安。これが行政スタッフと権力者との連帯関係を支える究極的・決定的な基礎である。カリスマ的指導者の支配の場合でもそうで、戦士には従軍の名誉と戦利品があり、デマゴーグの追随者には「スポイルズ」、つまり官職の独占に基づく被治者の搾取や政治的な役得があり、それに虚栄心の満足というプレミアムまでくっついている。

次に、暴力を伴う支配関係の維持のためには、〔行政スタッフと並んで〕ある種の外的な物財が必要である。そしてこの点でも、経済経営とまったく変わりはない。ところですべての国家秩序は、権力者の側でその服従を当て込んでいる人的行政スタッフ（官吏であれ、その他、何であれ）が行政手段（貨幣・建物・武器・車輛・馬匹など）を自分で所有するという原則の上に立っているか、それとも行政スタッフが行政手段から「切り離されている」か――今日、資本制経営内部の職員や労働者《プロレタリア》が物的生産手段から「切り離されている」のと同じ意味で――によって分類できる。つまりそれは、権力者が行政を自分の直轄下におき、個人的な使用人や任用官吏、個人的な寵臣《ちょうしん》や腹心を使って統治しているか――この場合の行政スタッフは、物的行政手段の所有者、つまり、それを自分の権利として占有する者ではなく、その点で支配者の親政に服している――、あるいはそうでないか、という問題である。この区別は過去のすべての行政組織を通じてみられる。

物的行政手段の全部ないし一部が、権力者に仕える行政スタッフ自身の手に直接握られている政治団体を、「身分制的」に編成された団体と呼ぶことにする。たとえば、封建制下の封臣は、授封された所領内における行政や司法を自分の財布で賄い、戦争のための装備も自分の手でととのえていたし、その部下である下級封臣〔陪臣〕の場合もそうであった。このことは当然、君主《ヘル》の権力的地位にも影響があった。もともとその地位は、主従間の個人的な誠実の盟約をまず前提し、封臣のもつ封邑《レーエン》や社会的名誉の正当性も遡れば君主に由来するという、もう一つの条件が加わって、はじめて成立しうるものだからである。

ところで、もう一つの君主の直轄支配の方も、最古の政治形態にまで遡って、いたるところにみられる。この場合の君主は、自分に隷属する人間（たとえば奴隷、家《いえ》役人、家人《けにん》、「寵臣」、あるいは自分の備品倉庫からの現物給与や貨幣給与で雇っている俸禄《プフリュンデ》保有者など）を使って行政の掌握を図り、その行政費用は自分の財布や家産領地からの収益で賄い、また軍隊の装備や糧食も自分の穀倉・火薬庫・兵器庫から調達して、完全に自分の意のままになる軍隊を創ろうとした。「身分制」団体の君主《ヘル》が自立性の強い「貴族」の助けを借りて支配し、したがって貴族と支配権を分け合っているのに対し、ここでの君主は、家僕や平民――財産も固有の社会的名誉もなく、物質的にも完全に君主に縛りつけられていて、自力でこれに対抗する力をもたない階層――をみずからの支えとしている。家父長支配や家産制支配、スルターン制的専制政治、官僚制的国家秩序はすべてこの型に入る。とくに官僚制的国家秩序は、しかも最も合理的に完成された形でのそれは、近代国家の特徴でもある、というよりずばり近代国家に特徴的なものである。

近代国家の発展は、君主の側で、自分と肩を並べている行政権力の自立的で「私的な」担い手に対する収奪が準備されるにつれて、どこでも活発化して来た。この場合の「私的な」担い手とは、行政手段、戦争遂行手段、財政運営手段その他の・政治的に利用できるあらゆる種類の物財を、自分の権利として所有している者のことである。この全過程は独立生産者層が徐々に収奪されていって、資本制経営が発展してくる過程と完全に併行している。結局、近代国家では、政治運営の全手段をうごかす力が事実上単一の頂点に集まり、どんな官吏も自分の支出する金銭、自分の使用する建物・備品・道具、兵器の私的な持ち主ではなくなる。こうして、今日の「国家」では——そしてこの点こそ近代国家概念にとって本質的なことなのだが——行政スタッフ、つまり事務官僚と行政労務者の・物的行政手段からの「分離」が完全に貫かれている。ところがいまこの点できわめて新しい発展が始まり、現にドイツでも、国家という収奪者から政治手段と政治権力を収奪しようとする動きが見られる〔一九一八年十一月のドイツ革命〕。これまでの合法的政府に代わって指導者が現われ、簒奪《さんだつ》や選挙という方法で政治上の人的スタッフと物的装置に対する支配権を手に入れた彼らは、みずからの正当性を——それがどこまで正しいかは別として——被治者の意思に求めている。そして少なくともその限りでは、革命による収奪は達成された。もっとも、これまでのところが——少なくとも外見上——うまくいったからといって、だから革命の前途は明るい、資本主義的経済経営内部での収奪の方も大丈夫だ、と本当にいえるかどうか、これはまた別の問題である。経済経営における管理と政治的管理〔行政〕との間には多分に類似点がありながら、根本的にはまったく違った法則に従っているからである。しかしこのあたりの問題に対する意見は今日は述べない。ここでは、われわれの考察のために必要な純粋に概念的な点だけを確認しておくことにする。――近代国家とは、ある領域の内部で、支配手段としての正当な物理的暴力行使の独占に成功したアンシュタルト[3]的な支配団体であるということ。そしてこの独占の目的を達成するため、そこでの物的な運営手段は国家の指導者の手に集められ、その反面、かつてこれらの手段を固有の権利として掌握していた自立的で身分的な役職者は根こそぎ収奪され、後者に代わって国家みずからが、その頂点に位置するようになったということ。以上のことを確認するにとどめる。

さてこの政治的収奪過程――この過程は成果のちがいこそあれ、地上のすべての国でおこなわれた――の中で、第二の意味での「職業政治家」が、さし当たっては君主に奉仕するという形で登場してきた。彼らは、さきに述べたカリスマ的指導者とちがって、自分から進んで支配者になろうとはせず、政治支配者に奉仕した「職業政治家」であり、しかもその第一号だったわけである。彼らはこの収奪をめぐる闘いの中で君主の手足となって働き、君主の政策をおこなうことによって、一方で物質的な生計を立て、他方で精神的な内実を得た。もっともこの種の「職業政治家」が君主だけでなく、君主以外の権力に仕えた場合もあって、これもまた西洋にしか見られない現象であるが、ともかく過去においては、彼らが君主の最も重要な権力機関であり、政治的収奪の機関であった。

「職業政治家」のことについてくわしく論ずる前に、この種の「職業政治家」の存在がどういう事態を意味するかを、すべての面で、はっきりさせておくことにする。「政治」をおこなうこと――つまり、政治組織相互間または政治組織内部の権力の配分関係に影響を与えようとすること――は「臨時」の政治家としてもできるし、副業的な政治家としても、さらには本職の政治家としてもできる。経済的営利活動もその点ではまったく同じである。われわれが一票を投じたり、これと類似の意思表示をしたりする場合――たとえば「政治」集会での拍手や抗議や「政治」演説など――、われわれはみな「臨時」の政治家なのである。そしてたいていの人の政治とのかかわり合いは、この程度のものに限られている。次に「副業的」政治家とは、今日でいえば、政治団体の世話役や幹事などによく見られるタイプで、一般にやむをえない場合にだけ政治活動をするが、物質的にも精神的にも、政治を第一義として「政治で生きている」とはいえない人のことである。召集があってはじめて動き出す枢密院の顧問官やこれに似た諮問機関のメンバー、また会期中しか政治をしないドイツの代議士のかなり広汎な層も同様である。こういう層の人は、過去においてはとくに、「等族《シュテンデ》」の中に見られたが、ここで「等族」とは、軍事的運営手段や行政的に重要な物的運営手段、または人的な支配権力を、自前《じまえ》で持っていた人を指すことにする。彼らの大部分は自分の生活を全面的に政治に捧げることはおろか、せめて優先的に、あるいは一時的なかかわり合い以上に捧げることさえなかった。むしろ彼らは地代《レンテ》の取り立てや金儲けのために自分の支配権力を利用したまでで、政治団体のために政治的に働くのは、君主や同じ身分の仲間からとくに要請のあった場合に限られていた。君主が専属の政治組織を創設するための闘争の中で味方に引き入れた協力者の一部もそうで、宮廷外顧問官、(4)もっと遡って「元老院《クリア》」その他の君主の諮問機関に参集してくる顧問官の大部分は、こういう性格をもっていた。しかし、君主もこうした臨時の、あるいは副業的な補助者だけではもちろんやってゆけない。そこでどうしても、自分にだけ専心奉仕する本職の補助者のスタッフをもとうとするようになった。君主がどこからこのスタッフを得てくるかによって、新しく生まれてくる王朝の政治組織の構造だけでなく、当該文化の性格全体が非常に大きな影響をうけた。ところで、本職の政治家を求めていたのは、君主だけではない。君主の権力を完全に排除し、あるいは大幅に制限して、みずからを(いわゆる)「自由な」共同体として政治的に構成した政治団体の方でも、やはり同じ必要に迫られていた。――ここで「自由」とは、暴力的な支配を一切伴わないという意味での自由ではなく、伝統のゆえに正当な(たいていの場合、宗教的にも神聖化された)君主権力、あらゆる権威の唯一の源泉としての君主権力の支配をうけていないという意味での「自由」である。歴史的にみて、この「自由な」共同体の温床はもっぱら西洋に限られており、その萌芽は地中海文化圏にまず出現した政治団体としての都市であった。さて、こうしたいろいろな場合を通じて、「本職」の政治家はどんな状態にあったか。

同じく政治を職業とするといっても、二つの道がある。政治「のために」(für) 生きるか、それとも政治「によって」(von) 生きるか、そのどちらかである。この対立は決してあい容れないものではない。むしろ、少なくとも精神的には、いや多くのばあい物質的にも、両方の生き方をするのが普通である。つまり、政治「のために」生きる人は精神的な意味では「政治によって生きている」わけだし、さらに彼は、自分の行使する権力のむき出しの所有そのものを享受するか、それとも、自分はある「仕事《ザッヘ》」に打ち込んでいるのだから自分の生活には意味があるのだ、とそう思い込むことによって、精神的なバランスと自信を駆り立てているか、そのどちらかである。ある仕事のために生きているどんな真面目な人でも、このような精神的な意味では、この仕事によって生きているといえよう。したがってこの「のために」と「によって」の区別は事態のもっと実質的な側面、すなわち経済的な側面に関係している。政治を恒常的な収入源にしようとする者、これが職業としての政治「によって」生きる者であり、そうでない者は政治「のために」ということになる。ひとがこういった経済的な意味で政治「のために」生きることができるためには、今の私有財産制度の支配下では、若干の――いってみればはなはだ俗な――前提が必要である。つまり当人が――ノーマルな状態では――政治から得られる収入に経済的に依存しないですむこと、ずばり言えば、恒産があるか、でなければ私生活の面で充分な収入の得られるような地位にあるか、そのどちらかが必要である。少なくともノーマルな状態ではそうである。もっとも武侯や街頭の革命的英雄の追随者になると、ノーマルな経済条件などほとんど眼中にない。どちらも戦利品・掠奪物・没収・軍税・無価値な軍票の押しつけ――本質的にはどれもみな同じだが――によって生きているわけである。しかしこれはあくまで例外的な現象であって、日常のノーマルな経済の下では、自分の財産だけが頼りになる。しかし財産があるだけでも不充分で、それに加えて、経済的に「余裕のある《アプケムリヒ》」こと、すなわち収入を得るために、自分の労働力や思考の全部か大部分を、絶えず働かせなくてもすむことが必要である。このような意味で無条件に余裕があるのはレンテ生活者、つまり純然たる不労所得者である。この不労所得は、昔の領主や今の大地主や貴族のように、地代から得られることもあるし(古代や中世では奴隷や農奴の貢納もあった)、有価証券やそれと類似の近代的な利子《レンテ》収入源から得ていることもある。労働者だけでなく——きわめて注目すべきことに——企業家も、そして近代的な大企業家の場合にはとくに、この意味での余裕がない。企業家にとくに余裕がないのは彼らが経営に縛られているからである。しかもその程度は農業の季節性を考えに入れると、農業企業家より商工業関係の企業家においていっそう深刻である。わずかの期間だけ仕事を肩代わりさせるのでもほとんど不可能に近い。医者などもそうで、名前が売れ繁昌してくると、なかなか代診というわけにいかなくなる。それに比べれば弁護士は、経営技術的な理由からも肩代わりが簡単にでき——そのため職業政治家としても断然大きな、しばしば圧倒的な役割を演じてきた。こうした分類をこれ以上進めることはやめ、若干の結論を明らかにしておくことにする。

　国家や政党の指導が、（経済的な意味で）政治によってではなく、もっぱら政治のために生きる人によっておこなわれる場合、政治指導者層の人的補充はどうしても「金権制的《プルトクラーティシュ》」におこなわれるようになる。だからといって、もちろん、逆もまた真なりというわけではない。つまりこういう金権制的な指導の場合、政治的支配者層は政治「によって」生きようとせず、従って自分の政治支配を普通、彼個人の私的経済利益のために利用しようとしない、などと言っているのではない。もちろんそんな意味ではまったくない。第一そんなことを全然しないような階層など、これまでいたためしがない。私の言っているのは、金持ちの職業政治家だと、自分の政治上の仕事に対する報酬を直接求めなくてすむが、財産がないと、否でも応でも報酬を求めざるをえなくなるという、ただそれだけの意味である。といってその逆に、政治家に財産がないと、政治によってもっぱら——あるいは主として——自分の生計を立てることを考え、「仕事《ザッへ》」のことをまったくか、あまり考えない、という意味ではない。これほど誤った考え方はあるまい。経験的にいって、資産家の場合には、自分の生活の経済的「安全」に対する配慮が——意識的・無意識的に——生活全体の方向を決める主眼点となっている。政治における一途《いちず》で無条件的な理想主義は、無資産のゆえにその社会の経済秩序の維持〔に利害関心をもつサークル〕の外に立った階層にだけ、とはいえないまでも、少なくとも主としてこの階層にみられる。異常な時期、したがって革命期にはとくにそうである。ようするに私の言いたいのは、政治関係者、つまり指導者とその部下が、金権制的でない方法で補充されるためには、政治の仕事に携わることによってその人に定期的かつ確実な収入が得られるという、自明の前提が必要だということである。政治が「名誉職」としておこなわれるということは、政治がいわゆる「自主独立の」（誰の厄介にもならぬ）人によって、つまり資産家、ことに利子生活者《レンテ》によっておこなわれるということだが、他方、政治が無産者にもできるためには、そこから報酬の得られることが必要である。政治によって生活する職業政治家は純然たる「俸禄保有者《プフリュンデ》」のこともあり、有給の「官吏」のこともある。前者は、一定の仕事に対する謝礼と手数料《シュポルテルン》の形で収入を得ている場合であり（チップや賄賂《わいろ》はこの種の収入の不規則で形式的に非合法な変型に過ぎない）、後者は固定した現物給与か俸給、またはその両方を得ている場合である。政治によって生活する職業政治家はまた「企業家」の性格をおびていることがある。昔の傭兵隊長や官職の賃借人や買受人、あるいはアメリカのボスなどがそうで、このボスは自分の出費を一種の投資と考え、自分の勢力を利用して収益をあげるわけである。職業政治家はさらに、編集者や政党書記、近代の閣僚や政治的官吏のように、固定給をうけていることもある。過去において、君主、征服者、成功した党首がその部下に与えた報酬といえば、封邑《レーエン》・土地の贈与・各種の俸禄《プフリュンデ》であり、貨幣経済の発達につれてとくに役得《シュポルテル》プフリュンデ(5)が典型的なものとなっていったが、今日、政党指導者が忠実な奉仕に対して与える報酬は、政党・新聞社・協同組合・健康保険組合・地方団体・国家における各種の役職である。政党間のすべての争いは本質的《ザッハリッヒ》な目標をめぐる争いだけでなく、とりわけまた、官職任命権《パトロネージ》をめぐる争いでもある。ドイツにみられる地方分権運動と中央集権運動の間の争いも、その中身は多分に、どの勢力が――ベルリン人かミュンヘン人、カールスルーエ人、ドレスデン人の中のどれが――官職任命権を握るか、をめぐっておこなわれている。官職への割り込みで後《おく》れをとることは、政党にとって、本質的な目標にそむいた行動をとることよりも、もっと手痛い打撃と考えられている。フランスの政党政治による知事の更迭は、いつでも、政府の政策綱領――こんなものにはほとんど純作文的な意味しかない――の変更よりももっと重大な変革としてうけとられ、大きな騒ぎを巻き起こした。多くの政党、とくにアメリカの政党は、憲法解釈をめぐる古くからの対立が解消して以後は、純然たる猟官政党となり、票集めのチャンス如何で実質的な綱領を変更するようになっている。スペインでは、ごく最近まで、上から仕組まれた「選挙」の形で、二大政党が慣習上決められた順番に従って交互に政権を取り、部下に官職を当てがってきた。スペインの植民地における政争は、それがいわゆる「革命」であれ、あるいは「選挙」であれ、ようするにそこでのお目当てが、国家という米櫃《こめびつ》であることに変わりはなく、勝った方がこれで飯《めし》にありつこうというわけである。スイスの政党は比例配分の方法で官職を平和裡に分け合っているが、ドイツの「革命的」憲法草案、たとえばバーデン州の第一次草案などは、このスイス方式を閣僚レヴェルにまで拡大しようとしたもので、国家とその官職を給与機関扱いしたものであった。とりわけこれに熱心だったのはカトリックの中央党で、バーデン州では、能力抜きの・宗派別による官職の比例配分をわざわざ綱領の一つに掲げたほどである。官吏制度の普及によって官職の数が増え、生活の点でとくに安定したポストとして、それへの就職希望者が増えてくると、どの政党でもこの傾向が顕著になり、政党はその党員にとって、生計を立てるという目的のための手段にますますなってくる。

ところがこういう傾向に対立しているのが、近代的な官吏制度の発達である。長期間にわたる準備教育によってエキスパートとして専門的に鍛えられ、高度の精神労働者になった近代的な官吏は、他方で、みずからの廉直の証《あか》しとして培われた高い身分的な誇りをもっている。もし彼らにこの誇りがなかったら、恐るべき腐敗と鼻もちならぬ俗物根性という危険が、運命としてわれわれの頭上にのしかかり、それによって、国家機構の純技術的な能率性（経済に対するこのような国家機構の重要性は、とくに社会化の進展につれて絶えず高まり、今後もますます高まっていくであろう）までが脅かされることになろう。アメリカ合衆国では、猟官政治家による素人行政によって、下は郵便配達夫にいたるまで数十万の官吏が大統領選挙の結果如何で替えられてしまい、終身の専門官吏も存在しなかったが、このような状態は「公務員制度改正法」(6)によってかなり前から通用しなくなっている。こうした発展は、純技術的な行政に対する不可避的な要請によるものである。ヨーロッパにおける分業的な専門官吏制度は、五〇〇年の歳月をかけて徐々に成立したもので、その端緒は、イタリアの都市国家とそこでのシニョーリア制[7]であり、王政ではノルマン人の征服国家が最初であった。このような近代的な官吏制度の進展を決定的に促したのは、とくに諸侯の財政問題であった。彼らからこの財政面での実権を取り上げることが、官吏にとってどんなに困難であったかは、マクシミリアン帝[8]の行政改革一つをとってみてもよく分かる。極度の窮乏とトルコ人の支配という重圧下にありながら、しかもこの財政が、支配者(当時はまだ騎士が中心であった)のディレッタンティズムと最も調和しがたい領域であったにもかかわらず、改革事業は難渋をきわめたのである。他方、戦争技術の発達は専門の将校を、また訴訟手続きの整備は専門の法律家を生み出した。専門官吏制度が以上三つの領域で決定的な勝利をおさめたのは、先進国の場合でも一六世紀に入ってからである。こうして、等族《シュテンデ》に対する君主絶対主義の台頭と同時に、君主の親政は徐々に後退し、専門官吏――彼らの助けがあってはじめて、君主の等族に対する勝利も可能となった――中心の支配が始まったわけである。

ところでこの専門訓練をうけた官吏団の台頭と時を同じくして――はるかに目立

たない推移過程を辿りながら――「指導型の政治家」の方も登場してきた。もちろん、君主に対して実際に大きな発言力をもつ助言者は、昔からどこにでもいた。オリエントでは、スルターンになるべく統治の結果に対する個人的責任を負わせないため、「大宰相」という独特なタイプの政治家がつくり出された。西洋ではカール五世(9)の時代、つまりマキァヴェリの時代になると、外交が――当時、外交専門家の間で熱心に読まれたヴェネツィア公使館報告の影響も大いにあって――はじめて外交術《クンスト》として意識的に研究されるようになり、これを身につけた達人たち（たいていは人文主義的教養人）は――最後の分国時代（春秋戦国時代）における中国の人文主義的政治家と同じように――秘術に通じた仲間同士としてお互いに許し合っていた。一人の政治指導者が、内政を含む一切の政治を形の上で統一的に指導することがどうしても必要であり、また避けられなくなったのは、立憲政の発達以後のことである。もちろんそれまでも、このような大物の政治家が個人の資格で君主の相談にのり、というより実質的にはむしろ君主を操る指南番として、活躍した例はいくらもあった。が、官庁組織の方は、最も進んだ国々でもさし当たっては別の道を歩んでいる。まず登場したのが合議制をとる最高行政官庁である。これは理論的にはもちろん実際上も——といっても、実際上はだんだん名目化していくわけだが——君主の親臨の下に開かれ、君主個人が最後の決定を下すことになっていた。日ましに素人《ディレッタント》の地位に陥りつつあった君主は、一方ではこの合議制を利用し(この合議制では出席者にいろんな意見と反対意見を述べさせ、最後に多数派と少数派双方にそれぞれ理由を付して投票させた)、他方では、公式の最高官庁とは別にまったく個人的な腹心(当時のいわゆる「内閣《カビネット》」)を側近に置き、彼らの口添えで枢密院(名称は何であれ、ようするに国家の最高官庁)の決議に対する決裁を下すことによって、官僚たちの不可避的に増大する専門訓練の圧力から逃れ、最高指導権を手離すまいとしたわけで、この専門官僚と君主親政との間の潜在的な闘争はいたるところでおこなわれた。このような状況は、議会とそれをバックにした政党指導者の権力への野望に直面してはじめて変わってきた。この場合、生じた結果は見たところ同じであっても(もちろん多少のちがいはあった)、その結果へと導いたもともとの条件は国によってまちまちであった。王室が——とくにドイツのように——終始実権を握り続けたところでは、君主の利害と官僚の利害はこの時点で堅く結びつき、議会とその権力要求に一致して対抗した。官僚は大臣職のような要職まで自分たちの仲間で占め、これが官吏昇進の対象となることを願っていたし、一方、君主の方でも自分の一存で忠実な官僚の中から大臣を任命できることに望みを託していた。しかし双方の利害は、政治指導部が一致団結して議会に対抗し、合議制に代えて統一的な内閣の首班を置くという点では一致していた。しかも君主としては、純形式的な意味で政党間の闘争に巻き込まれず、政党からの攻撃を免れるためにも、自分をかばい責任をとってくれる個人、すなわち議会に対して答弁したり反対したり、政党との交渉にも当たってくれる最高責任者を強く求めていたわけで、こういった利害が集まって同じ方向にはたらき、統一的に指導する官僚大臣の誕生となったのである。ところがイギリスのように議会の権力が国王を凌駕したところでは、議会権力の強化という形で、政治指導の統一化の方向がより強く現われた。すなわち議会を代表する最高指導者、つまり「リーダー」を頂点とする「内閣」が発達して来た。この内閣はその時々の多数を制した政党――公の法律で認められたわけではないが、多数党が事実上唯一の決定的な政治権力であった――の委員会のようなものであった。官制上の合議体〔枢密院など〕そのものは、イギリスでは、政党という現実の支配権力の機関ではなく、従って現実の統治の担当者たりえなかった。むしろ与党の方では、国内において権力を主張し、対外的に強力な政策を推進できるために、党内の実力者だけで構成され、内輪の相談ができる強力な機関、つまり内閣を必要としたわけだし、さらに国民、とくに議会に代表された国民との関係でも、内閣の一切の決定について責任を負う一人の指導者、すなわち首相を必要としたわけである。このイギリスの制度《システム》はその後、議院内閣制という形で大陸で採用されたが、ただアメリカとその影響をうけた民主制国家では、それとまったく異質の制度――直接国民投票によって選出された多数党の指導者〔大統領〕が自分の任命する行政機構の頂点に立ち、予算と立法を除いて、議会の同意に拘束されない――が採用された。

政治が「経営《ベトリーブ》」(10)にまで発展し、近代政党制の下でおこなわれたような権力闘争と闘争方法のトレーニングが必要になってくると、公務員が専門官吏と「政治的」官吏の二つの範疇に分かれて来た。――この区別は決して厳格なものではないが明らかに別の範疇である。本来の意味での「政治的」官吏は普通、彼らの異動・罷免・「休職」がいつでもおこなわれ、任意におこなわれるという点で、外から見分けがつく。フランスの知事やこれと似た他の国々の官吏の場合がそれで、司法関係の官吏の「独立性」と、きわだったコントラストをなしている。イギリスでは議会の多数党が入れ替わり、従って内閣が更迭するたびに、厳格な慣例に従って辞任する官吏が出てくるが、これが「政治的」官吏である。とくに、一般「内務行政」を統轄する権限を持った官吏がこれに数えられるが、彼らの権限はとりわけ国内「秩序」の維持、つまり現存支配関係の維持を任務としている点で、「政治的」要素を含んでいた。プロイセンではこの種の官吏に対する処分を避けるため、「プットカンマーの告示(11)」によって、官吏には「政府の政策の支持」が義務づけられ、フランスの知事と同じように、選挙干渉のための「政府の道具」として利用された。ドイツの制度では――他の国々と違って――「政治的」官吏の場合でもたいてい、大学教育、専門試験、一定の見習勤務が就任の条件とされ、その点では他のすべての官吏と同じ性格を持っていた。ドイツでは、政治機構の長である大臣だけが、このような近代的専門官吏制度に特有のメルクマールを必要としない。すでに旧制度下のプロイセンでも、文部大臣には大学教育をまったくうけなくてもなれたが、本省の首席参事官には原則として所定の試験に合格していることが必要であった。もちろん専門訓練をうけた局長や参事官の方が——たとえばアルトホフ時代[12]のプロイセン文部省のように——自分の専門に関する本来の技術的問題にかけては、大臣など比べものにならぬくらい精通していた。その点イギリスでも変わりなかった。だから、彼らの方が日常的な問題については大臣より実権をもっていたし、このこと自体、決して理屈に合わぬことではなかった。大臣というものはあくまで政治的権力状況の代表者である。そこでの政治的権力機関を代表し、部下の専門官僚の提案を検討し、彼らにしかるべき政治的な指示を与えること、これが大臣の任務だったのである。

民間の経済経営でも事情はまったく同じである。政治における「国民」に相当する本来の「主権者」はここでは「株主総会」であるが、それは経営の実際面では、専門官僚に統治された国民と同じく無力である。同様に、経営の政策を動かすお歴々、つまり「重役会」にしても、銀行に頭を抑えられていて、業務上の指示を与えたり経営の実務担当者を選んだりするだけで、経営を技術面で管理する力はもっていない。今日の革命国家の構造も、この点ではなんら根本的な変革を意味しない。その革命国家ではズブの素人たちが、機関銃をおさえたおかげで行政権まで手に入れたが、その彼らにしても、どうせ内心では、専門的に訓練された官僚たちを命令執行の頭脳として手足として利用しようというに過ぎないからである。現代の制度の難点はこれとは別のところにあるのだが、今日のところはこれに触れないことにする。――

むしろ今は職業政治家――「指導者」とその部下の双方を含む――の典型的な特徴を問題にしている。むろんそれはこれまでも随分変わってきたし、今日でも実にさまざまである。

先ほども言ったように、過去における「職業政治家」は、君主と等族《シュテンデ》との闘争の中で君主に奉仕しながら成長してきた。簡単にその主要タイプをみておこう。

等族に対抗する上で君主が頼みとしたのは、政治的に利用できる階層――身分制秩序に縛られることの少ない特殊の階層である。その第一は聖職者《クレリカー》で、インドの半島部、インドシナ、仏教の中国や日本、ラマ教の蒙古、中世のキリスト教地域のどこでも、まったく同じである。彼らに読み書きができるという点が技術上の理由である。皇帝や君主や汗《カーン》にとっては、読み書きのできる行政向きの人物を獲得することが貴族との闘争において役立つところから、いたるところで婆羅門《バラモン》(13)や仏僧やラマ僧が招聘《しょうへい》され、司教や司祭が政治上の顧問として利用された。聖職者、とくに独身の聖職者は封建時代の封臣と違って、ノーマルな政治・経済上の利害関係の圏外に立ち、子孫のために、君主に対抗してみずからの政治権力を求めるといった誘惑におちいることがなかったし、また彼ら自身の身分的性格からいって、君主の行政運営手段から「切り離されて」いた。

こういう階層の第二は、人文主義的な教養を身につけた文人《リテラーテン》〔読書人〕である。かつては君主の政治顧問や、とくにその政治文書の起草者になるという目的で、人々がラテン語の演説やギリシア語の詩作を学んだ時代があった。それは人文学院や王室「詩学」講義所が最初に栄えた時代である。そんな時代がドイツにもあったが、その時期は非常に短く、学校制度への影響は後々まで残ったが、政治的な影響はむろんそれほど深くはなかった。東アジアでは違っていた。中国の官人《マンダリン》はもともと、西洋ルネッサンス時代の人文主義者に近い存在で、遠い昔の古典について人文主義的な訓練をうけ、かつ試験〔「科挙」〕によって登用された読書人である、というより、かつてはそうであった。諸君が李鴻章《りこうしょう》(14)の日記を読まれれば、彼ほどの政治家でも、自分に詩が作れ、すぐれた書家であったことに大変な誇りをもっていることに気づかれるはずである。中国の全運命は中国の古典を中心に発達した慣習を身につけたこの階層によって決定された。当時の西洋の人文主義者に、これと同じような立身出世のチャンスがほんの僅かでも与えられていたら、われわれの運命も中国と似たものになっていたかも知れない。

第三の階層は宮廷貴族《ホーフアーデル》である。君主は貴族の身分的・政治的な権力の剝奪にいったん成功するや、貴族を宮廷に召しかかえ、政治・外交上の仕事に当たらせた。一七世紀になってドイツの教育制度が大きく変わった原因の一つは、これまでの人文主義的文人に代わって、宮廷貴族の職業政治家が君主に仕えるようになったことに求められる。

第四の範疇はイギリス特有のもので、小貴族と都市在住の利子生活者を含む都市貴族《パトリツィアート》、専門用語で「貴紳《ジェントリー》」と呼ばれているものである。この階層はもともと国王が地方の豪族《バローネ》に対抗して味方に引き入れ、「自治体《セルフ・ガバメント》」の官職に就かせたものであるが、のちになると国王はますますこの階層に依存するようになった。みずからの社会勢力を伸ばすため地方行政の官職を無償で引き受けたジェントリーは、結局そのすべてを独占し、全ヨーロッパ大陸国家の運命となった官僚制化からイギリスを守る砦《とりで》となった。

第五の階層は大学に学んだ法律家《ユリステン》である。これは西洋、ことにヨーロッパ大陸に固有のもので、大陸での政治構造全体にとって決定的な重要性をもっていた。ローマ後期の官僚国家の手で修正されたローマ法が後世に及ぼした影響は圧倒的に大きかった。合理的国家への発展という意味における政治経営の革命化の担い手がどこでもこの学識ある法律家であったという事実ほど、その影響の巨大さをはっきり示しているものはない。その点ではイギリスも例外ではなく、ただそこでは、強大でナショナルな法律家ギルドによってローマ法の継受そのものは阻止された。ある法体系がもつ影響力の大きさという点でこれに匹敵するような例は地上のどの地域にも見出せない。インドのミーマーンサー学派(15)には合理的な法学的思惟の萌芽はかなりあったし、また回教《イスラーム》でも古代の法学的思惟の継承と発展がみられたが、神学的な思惟形式による合理的な法思想の圧殺を阻止するほどの力はなかった。とくに訴訟手続きの合理化が充分でなかった。古代ローマの法律学は、都市国家から世界帝国にのし上がっていったまったく独自の政治組織の所産であるが、この古代ローマの法律学がイタリアの法律家に継受され、中世後期のローマ法註釈学者《パンデクティステン》や教会法学者《カノニステン》の手でいわゆる「現代的慣用(16)」が試みられ、さらに、もともと法学的およびキリスト教的思惟から生まれた自然法論がのちに世俗化するにつれて、はじめてこの合理的法思想は実現を見た。この法学的合理主義の偉大な代表者としては、イタリアのポデスタ(17)、フランスの王室法律家——国王の権力が封建領主の支配を掘り崩すための形式的手段は彼らの手でつくり出された——、公会議首位主義(18)の立場に立つ教会法学者や自然法的神学者、大陸の君主に仕えた宮廷法律家や学識ある司法官、オランダの自然法学者と暴君放伐論者《モナルコマキ》、イギリスの王室派と議会派の法律家、フランス高等法院の法服貴族、そして最後にフランス革命時代の弁護士などが挙げられる。この法学的合理主義を抜きにしては、絶対主義国家の成立も革命もまず考えられない。諸君が一六世紀から一七八九年にいたるフランス高等法院の抗弁書やフランスの三部会における建白書に目を通されるなら、随所にこの法律家精神を見出されるであろう。また諸君がフランス国民公会のメンバーを職業別に調べてごらんになれば、——平等な選挙権で選ばれたというのに——プロレタリアはただ一人、ブルジョア企業家もごくわずかで、各種の法律家が多数を占めていたことに気づかれるはずである。これら法律家なしには、当時の急進的知識人と彼らの計画に生命を吹き込んだあの独特の精神も、考えられなかったに違いない。近代的な弁護士と民主制とはこのとき以来完全に結びつくが、ここでわれわれのいう弁護士、つまり独立の身分としての弁護士は、これまた西洋にしか存在しないもので、中世以来の訴訟の合理化の影響下で発達したゲルマンの・形式主義的な訴訟手続きにおける「代弁人」から成長したものである。

政党が登場して以後の西洋の政治の中で、弁護士《アドヴォカーテン》が重要な意味をもったのは決して偶然ではない。政党による政治の運営とは、とりもなおさず利害関係者が政治を運営するということ――これが何を意味するかは、そのうちにお話しするが――である。そして事件《ザッヘ》を利害関係者に有利なように処理することこそ、まさにヴェテラン弁護士の腕というものである。その点で弁護士は――あの断然巧妙だった〔戦時中の〕敵国の情宣活動《プロパガンダ》がわれわれに教えてくれたように――どんな「官吏」よりも優っている。たしかに弁護士には、論理的根拠の「弱い」、その意味で「不利な」事件でも、これを有利に――つまり技術的に「うまく」――処理することができるが、他方で論理的根拠の「堅い」、その意味で「有利な」事件を、間違いなく有利に、つまり技術的に「うまく」処理してくれるのも弁護士を措《お》いて他にない。官僚に政治家の仕事をさせると、論理的根拠の点で「有利な」事件でも、技術的な処理が「まずく」て、「不利な」事件にしてしまうことがよくある。――このようなケースをわれわれはこれまで散々体験させせられて来た。その理由を考えてみると、今日の政治の大半は公開の場で、口頭または文書、ようするに言葉という手段を用いておこなわれるが、この言葉の効果を計算することこそは、弁護士本来の仕事の一部であって、専門官吏のそれではないからである。専門官吏はデマゴーグではないし、本来の目的からいってデマゴーグであってはならない。そんな官吏がなまじデマゴーグになろうなどという気を起こすと、拙劣きわまるデマゴーグになるのがおちである。

生粋《きっすい》の官吏は——ドイツのかつての政治体制を評価する場合、以下のことは決定的に重要な点だが——その本来の職分からいって政治をなすべきではなく、「行政」を——しかも何よりも非党派的に——なすべきである。この非党派的な行政という原則は、「国家理性」、すなわち現存支配体制の死活的利益がとくに問題になっている場合は別として、少なくとも建前としては、いわゆる「政治的」行政官についても当てはまる。官吏である以上、「憤りも偏見もなく」職務を執行すべきである。闘争は、指導者であれその部下であれ、およそ政治家である以上、不断にそして必然的におこなわざるをえない。しかし官吏はこれに巻き込まれてはならない。党派性、闘争、激情——つまり憤りと偏見——は政治家の、そしてとりわけ政治指導者の本領《エレメント》だからである。政治指導者の行為は官吏とはまったく別の、それこそ正反対の責任の原則の下に立っている。官吏にとっては、自分の上級官庁が、――自分の意見具申にもかかわらず――自分には間違っていると思われる命令に固執する場合、それを、命令者の責任において誠実かつ正確に――あたかもそれが彼自身の信念に合致しているかのように――執行できることが名誉である。このような最高の意味における倫理的規律と自己否定がなければ、全機構が崩壊してしまうであろう。これに反して、政治指導者、したがって国政指導者の名誉は、自分の行為の責任を自分一人で負うところにあり、この責任を拒否したり転嫁したりすることはできないし、また許されない。官吏として倫理的にきわめて優れた人間は、政治家に向かない人間、とくに政治的な意味で無責任な人間であり、この政治的無責任という意味では、道徳的に劣った政治家である。こうした人間が――残念ながらわがドイツのように――指導的地位にいていつまでも跡を絶たないという状態、これが「官僚政治」と呼ばれているものである。いまわれわれが結果に着目して、その政治的欠陥を暴露したからといって、ドイツ官吏制度の名誉を傷つけたことには決してならない。しかし、このへんで話をもう一度、政治的人物のタイプの問題に戻すことにしよう。

立憲国家、とくに民主制が成立して以来、「民衆政治家《デマゴーグ》」が西洋における政治指導者の典型となっている。この「デマゴーグ」という言葉には後味の悪いニュアンスがつきまとっているが、だからといって、この名前で呼ばれた最初の人がクレオン(19)ではなく、ペリクレス(20)であったという事実を忘れてはならない。ペリクレスは官職をもたずに、あるいは最高司令官の職にあって(この最高司令官は古代民主制における唯一の選挙制官職で、官職は一般に抽籤による任命であった)、アテネの市民《デーモス》の最高民会《エクレシア》を指導した。なるほど現代の民衆指導でも演説という手段が用いられている。というより現代では、候補者としておこなわねばならぬ選挙演説まで考えに入れると、その量は大変なものになってくる。しかし効果の点でより永続的なのは活字になった言葉である。政治評論家、とくにジャーナリストは今日この種の人間の最も重要な代表者である。

近代の政治的ジャーナリズムの社会学をざっとスケッチするだけでも、この講演の枠の中ではとうてい不可能で、どうみても独立の一章を必要とする。しかしちょっとだけ、ここでどうしてもふれないわけにはいかない。ジャーナリストは——デマゴーグもすべてそうだし、弁護士(と芸術家)も、事情のまったく違ったイギリスとかつてのプロイセンを除いて、少なくとも大陸では——固定した社会階層の区分けに入らないという宿命をになっている。つまりジャーナリストは一種のアウトサイダーとして、「上流社会」ではいつも、道徳的に最も劣った者を基準にして社会的に評価される。そのためジャーナリストとその仕事については、ひどく奇妙な考え方が広まっている。本当にすぐれたジャーナリストの仕事には、学者の仕事と少なくとも同等の「才能《ガイスト》」が要求されるということ——しかも職業がら彼らは命じられればその場で記事を書き、まったく違った執筆条件の下でも間髪を入れず活動しなければならないところから、とくに右のことが言えるのだが——このことは誰にも分かっているとは言えない。ジャーナリストの責任の方が学者よりははるかに大きく、責任感の点でも、誠実なジャーナリストになると、平均的にみて学者にいささかも劣るものではなく、——戦争の経験からも分かるように——勝《まさ》ってさえいるということ、この点もほとんど完全に無視されている。それも当然で、無責任なジャーナリストの仕事がこれまでしばしば恐ろしい結果を生んだため、それが記憶にこびりついているからである。さらに慎重さの点でも、有能なジャーナリストになると、他の人々より平均してずっと上だということ、これも誰も信じないが事実である。この職業には他とまったく比べものにならないくらい大きな誘惑がつきまとっているし、その他にも現代のジャーナリストの仕事に特有な条件が色々あって、世間では、軽蔑と――いとも哀れっぽい臆病さの入り混じった目で新聞を眺める癖がついている。こういう現状に対してどういう手を打つべきか、という問題については、今日は申し上げられない。ここでわれわれに関心のあるのは、ジャーナリストという職業の政治的運命と、政治指導者の地位につけるチャンスがジャーナリストにどれだけあるかという問題である。これまでこうしたチャンスに恵まれていたのは社会民主党だけであった。といっても、同党内での編集者の地位は平職員のポストという性格が圧倒的に強く、指導者のポジションへの足掛かりとはならなかった。

ジャーナリストのコースを通って政治権力にのし上がっていくチャンスは、ブルジョア政党の場合、以前の世代と比べて全体的にはむしろ悪くなっている。もちろん大物の政治家になれば新聞に働きかけ、そのために新聞とのつながりをもつことがどうしても必要であったが、政党指導者が新聞畑から出るなどということは、――まさかそれほどとはどなたも予想されないだろうが、実は――まったくの例外であった。その理由は、ジャーナリズム経営がおそろしく緊張と繁忙の度を加えてきたため、ジャーナリスト、ことに財産をもたず、従って職業に縛りつけられたジャーナリストの場合、急速に「余裕がなく」なっていったからである。収入のために毎日、いや毎週一度でも論説を書かねばならぬというのは、政治家にとって大変なお荷物で、このことが権力への上昇過程で、外的とくに精神的な意味で絶えずブレーキになって、折角の指導者資質を伸ばせなかった例を私は知っている。旧制度下のドイツで、新聞が国家や政党の支配勢力と癒着してジャーナリズムのレヴェルをひどく落としたことがあるが、ここでは立ち入らない。敵国〔連合国〕ではその点、事情が異なっていた。しかし大新聞資本家の政治的影響力が、――たとえばノースクリフ「卿」[21]にみられるように――ますます増大する一方、現場のジャーナリストの影響力がますます低下するという命題は、連合国でも、どの近代国家でも妥当するように思われる。

これまでのところ、ドイツの大資本家的新聞コンツェルン――主として「三行広告」掲載の小新聞、〔地方紙に多い〕「一般報知新聞《ゲネラル・アンツァイガー》」の類を牛耳ってきた――は、普通、政治的無関心の典型的な育成者であった。それは独自の政策をうち出してみても、儲けにはならず、第一、商売上役に立つ政治的支配勢力の好意も得られなかったからである。〔新聞の〕広告業務も、戦争中新聞を政治的に動かそうとして盛んに狙われたし、今も狙われているようである。大新聞にはこの誘惑をすり抜けることが期待できても、小新聞の立場ははるかに困難である。がいずれにせよ、ドイツでは、このジャーナリストのキャリアーは、それが他の点でどれほど魅力に富み、そこから生まれる影響力や活動の可能性、とくに政治的責任がどれほど大きなものであっても、今のところ政治指導者に出世するためのノーマルなコースではない――この「ない」が最早ないの意味なのか、それとも、まだないの意味なのかは、もう少し待ってみないと何とも言えない。多くのジャーナリスト――すべてのジャーナリストではない――は匿名原則を廃止すべきだと考えているが、かりに廃止したとして、今後その点でなんらかの変化が起こるかどうか、これも簡単には答えられない問題である。戦争中のことだが、ドイツの新聞界では筆の立つ人物をとくに集め、いつも署名入りで「社説」を書かせたことがあるが、残念ながらこの方法は二、三の周知の例からも分かるように、世間で考えるほど確実に責任感の昂揚を培うものではなかった。しかも――党派の別なく――一部の札つきの赤新聞の中には、まさにこの方法で売り上げを増そうとし、実際に成功したものもあったのである。その当事者である発行人や際物《きわもの》記者たちは、財産をつくることはできたが――名誉だけは絶対に得なかった。だからといって、なにもこの原則〔署名主義〕に反対しているわけではない。問題ははなはだ複雑であり、しかもああした現象自体どこにでも起こるというものではない。しかし今日までのところ、それ〔署名主義〕は真の指導者または責任ある政治運営に通ずる道ではなかった。今後事情がどうなるか、まだ分からない。しかし、このジャーナリストのキャリアーが、ともかく職業的な政治活動にいたる最も重要なコースの一つであることに変わりはない。ただしそれは万人向きのコースではない。なかでも性格の弱い人間、ことに、身分的に安定した地位にいないと精神のバランスがとれないような人間には最も不向きである。若い学者の生活にも冒険はあるが、彼のまわりには堅固な身分的な習律《コンヴェンション》がはりめぐらされていて、脱線を防いでいる。ところがジャーナリストの生活はどこから見ても冒険そのもので、しかも彼はその特殊な条件の下で、おそらく他の境遇ではほとんど経験しえないような仕方で、その内的確信をテストされる。ジャーナリストの生活を続けていくうちに何度かなめる苦い経験——そんなものはおそらく最悪の事態でもなんでもない。成功した暁にこそジャーナリストには特別に困難な内的要求が課せられる。世間の有力者のサロンで、一見対等に、しばしば皆からちやほやされて(というのは恐れられているからだが)交際するということ、しかも自分がドアの外に出た途端に、おそらく主人はお客の前で「新聞ゴロ」との交際について弁解これ努めるに違いない、と分かっていながらなおかつ連中とつき合うというのは、それこそ生やさしいことではない。——また、「市場」の需要があればどんなことでも、それまた人生のありとあらゆる問題について即座に納得のゆく意見を述べ、しかもその際、断じて浅薄に流れず、とりわけ品位のない自己暴露にも、それに伴う無慈悲な結果にも陥らないということ、これも決して生やさしいことではない。だから、人間的に崩れてしまった下らぬジャーナリストがたくさんいても驚くに当たらない。驚くべきはむしろそれにもかかわらず、この人たちの間に、立派で本当に純粋な人が――局外者には容易に想像できないほど――たくさんいるという事実の方である。

職業政治家のタイプとしてのジャーナリストには、ともかくこれまで相当長い歴史があったが、次の政党職員という形態が出てきたのは、やっと数十年、一部ではここ数年来のことである。政党職員の地位が歴史的にどのように進化してきたか、これを理解するために、次に政党制度と政党組織の考察に向かわなければならない。

地域と仕事の範囲の点で、地方的な小行政地区《カントン》のレヴェルを越えたかなり大きな政治団体において、権力者が定期的に選ばれるようになると、政治は必然的に利害関係者による運営という形をとる。すなわち、政治生活(つまり政治権力への参加)にとくに関心をもつ比較的少数の人たちが、自由勧誘という方法で部下を調達し、自分や子分を候補者に立て、資金を集め、票集めに乗り出すようになる。大きな団体でこういう運営がない場合、どうしたら選挙がてきぱきとできるというのか。それこそお手上げというものである。この利害関係者による運営は現実の問題として、有権者を政治上の能動分子と受動分子とに分けることを意味するが、もともとこの区分が各人の自由意志に基づくものである以上、それは、選挙義務制や「職能」代表制、その他、このような事態の是正(つまりは職業政治家の支配の阻止)を公然と掲げあるいは事実上狙った・どんな提案、どんな措置によっても、除去できない。指導者とその部下は、自由勧誘で追随者の範囲を広げ、またこれを通して指導者選出に必要な受動的な有権者を集めたりする政治上の能動分子として、どんな政党にもなくてはならぬものである。しかし政党の構造はさまざまである。たとえば教皇党《グエルフ》や皇帝党《ギベリン》(22)のような中世都市の「政党」は純粋に個人的な徒党であった。教皇党の規約をみると、貴族——もともと騎士として生活し、従って受封資格のある家柄を意味した——の財産没収、官職や選挙権の剝奪、超地方的な党委員会、厳格な軍事的組織、密告者へのプレミアムといったものがすべて出揃っていて、まるでボルシェヴィズムにおけるソヴィエト制度、選りすぐった軍隊組織や、——とくにロシアでの――秘密警察組織、「ブルジョア」(企業家、商人、利子生活者、聖職者、王室の子孫、警官)の武装解除と政治的権利の剝奪、財産の没収をみているような気持になる。しかもこの類似は次の点を考えるといよいよ明瞭になってくる。すなわち一方の教皇党の軍事組織が実際には兵員台帳に基づいて編成された純粋の騎士軍で、その指導的地位のほとんど全部が貴族によって占められていたのに対し、ソヴィエトの方でも高給企業家、出来高賃金制度、テイラー・システム[23]、軍隊や工場の規律をそのまま温存し、というよりこれを復活させて外国資本に色目を使う、というわけで、ようするにこちらも、国家と経済の運転休止をくいとめるため、いったんブルジョア的階級制度として打倒したものを、やがて残らず受け入れ、かつての秘密警察《オクラナ》官まで再び国家権力の主要機関として使っているからである。しかし、ここでわれわれが問題にしているのは、このような暴力行使の組織ではなく、投票市場における政党の地道で「平和的な」選挙運動を通して権力を握ろうとする職業政治家である。

こういう普通の意味での政党も、当初は――たとえばイギリスの場合のように

――完全に貴族の追随者であった。ある貴族がなにかの理由で所属政党を替わるごとに、彼の世話になっている者の全員が、それに倣って反対党に移った。大貴族、わけても国王は、選挙法改正〔一八三二年〕まで、多数の選挙区における官職任命権を握っていた。このような貴族政党に近いのが、市民階級の権力の上昇につれていたるところで発達した名望家政党である。西洋に典型的なインテリ層の精神的な指導下にあった名望家たち――いわゆる「教養と財産」をもった人々――は、ある時は階級利益や家の伝統によって、ある時は純粋にイデオロギー上の理由によって、いろいろの党派に分かれてゆき、それぞれの党派を指導した。まず聖職者、教師、大学教授、弁護士、医者、薬剤師、富農や製造業者――イギリスで紳士《ジェントルマン》に数えられるすべての階層――の手で、一時的な団体、せいぜい地方的な政治クラブ程度のものがつくられたが、変動期には小市民階級、時としてプロレタリアートまでが、指導者の出現次第では――といってもその指導者はふつう彼らの中から出たわけではないが――これに加わった。この段階では超地方的《インターローカル》なレヴェルでの纏《まと》まりをもち、国内に広く根を張った永続的な団体としての政党はまだ存在していない。結束しているのは代議士だけで、候補者の選定を牛耳ったのは地方の名望家たちであった。綱領は候補者の選挙演説から生まれたり、名望家の集会や議会政党の決議を参考にしてつくられていた。クラブの指導は臨時の仕事なので副業や名誉職としておこなわれ、クラブのない場合も（たいていの場合そうだが）、普段の政治は、政治に常時関心をもつ少数者によって全く場当たり的《フォルムロス》に、同じく副業や名誉職として営まれていた。当時はジャーナリストだけが有給の職業政治家であり、新聞経営だけが――また、それと並んで会期中の議会だけが――継続的な政治経営であった。むろん代議士や議会の政党指導者は、ある政治行動が必要な場合、地方名望家の誰に頼めばよいかを知っていた。しかし、ささやかながら党費を徴収し、定期的に会合を開き、代議士の公開報告会もあるといった永続的な政党支部組織は、大都市を除いては存在せず、ようするに政党は選挙の時だけの生命であった。

地方間の選挙協定の可能性、全国の広汎な層の承認をうけた統一的な綱領と、広く全国にわたった統一的な宣伝活動《アジテーション》の効力――こういったものに対する代議士の関心が原動力となって、政党の組織強化が進んでくる。こうして政党の地方支部の網《ネット・ワーク》が中都市に広がり、他方、農村にまで「世話人」の網が張りめぐらされ、中央の党本部を指揮する党選出議員の一人がこれと緊密な連絡をとるようになるが、そうなっても、名望家団体という党機構の性格は原則的にはそのままである。有給の職員はまだ本部にしかおらず、地方支部を指揮するのはいつの場合も「名士」である。この名士は日ごろからの顔と体面を保つため、この仕事をひきうけた院外の「名望家」たちで、元代議士の政治的名望家層と並んで幅を利《き》かせていた。もちろん、党本部発行の「党報」が新聞や地方の集会に与える知的影響力は、年とともに大きくなっていく。規則的な党費の徴収が不可欠となり、その一部は本部の費用に回さねばならなくなる。かなり最近までドイツの党組織はたいていこの段階にあった。フランスの一部ではそれどころか、政党発展の第一段階がまだ完全に支配的であった。代議士の結合は著しく不安定で、全国各地に散らばった地方名望家の数も少なく、綱領は選挙運動の個々の場合に合わせて候補者自身が作ったり、後援者が候補者のために作ったり——といっても、それは代議士の決議や綱領を参考にしながら、多少とも地方的な事情を加味したものであった——していた。この制度はまだやっと部分的に崩れたというところである。ここまできても本職の政治家の数は少なく、主力は選出議員、少数の本部職員とジャーナリストで、フランスではそのほかに猟官者——現に「政治的官職」についているか、目下それを狙っている——がこれに加わった。政治は形式的にはまだ圧倒的に副業である。「閣僚になれる」議員の数はいたって少なく、立候補者の数もその名望家という性格上、おのずから限られていた。しかし政治運営に対して、とくに物質的な意味で間接的に利害関心をもつ人の数は非常に多かった。その理由は、ある省庁がおこなうどんな措置も、とりわけどんな人事問題の処理も、そのすべてが、選挙にどう響くかという問題との兼ね合いでおこなわれ、一方彼らの方でも、要求があれば何でも地元選出議員のところに持ち込んで貫徹を図ったからである。大臣も相手議員が同じ多数党所属である以上——だからこそ誰もが多数党に入りたがるのだが——否でも応でも、耳をかさないわけにいかなかった。代議士はそれぞれ官職任命権《アムツ・パトロネージ》をもち、また一般に、自分の選挙区のあらゆる問題について各種の恩顧《パトロネージ》を施したが、他方今後の再選のことを考えて、地元名望家との接触も忘れなかった。

ところで、この名望家仲間の支配、とくに代議士支配の牧歌的状態と鋭い対照をなしているのが、次に述べる最も近代的な政党組織である。これを生み出したのは民主制、普通選挙権、大衆獲得と大衆組織の必要、指導における最高度の統一性ときわめて厳しい党規律の発達である。名望家支配と代議士による操縦は終わりを告げ、院外の「本職」の政治家が経営を握るようになる。「企業者」として——たとえばアメリカのボス、それにイギリスの「選挙事務長《エレクション・エイジェント》」も実質的にはこれ——、あるいは固定給をうけた職員として。いずれにせよ形の上では広汎な民主化がおこなわれる。最終的な綱領を作るのは、もはや院内の党フラクションではなく、候補者の選定も地方名望家の手から離れ、組織された党員の集会が候補者を選び、上級の党集会——全国「党大会」にいたるまでに、時としていくつもの段階があるが——に代表を送り出すようになる。もちろん実際に権力を握っているのは、経営の内部で継続的に仕事をしている者か、でなければ——たとえば強力な政治的利害関係者のクラブ(タマニー・ホール)(24)のパトロンや支配人として——政党経営の根っこのところを金銭や人事の面で抑えている人間たちである。決定的なのは、こういう人間装置の全体――アングロサクソン諸国ではこれを「機械《マシーン》」などとうまい言葉で呼んでいる――というよりもむしろ、この装置を操縦する人間が、現職議員に挑戦して、自分の意思をかなり大幅に押しつけることができるという点である。そしてこのことは、党指導者の選択に対して特別に重要な意味をもつ。マシーンさえついて来れば、時には議会を無視しても指導者になれるからである。こういうマシーンの登場は、換言すれば、人民投票的民主制の到来を意味する。

言うまでもないことだが、党員、とくに党職員や党企業家たちは、指導者の勝利から個人的な報酬――官職やその他の利益――を期待する。その際、指導者から、であって、個々の議員からではない、少なくとも個々の議員からだけではない、という点が重要である。彼らがとりわけ期待するのは、選挙戦における指導者個人のデマゴーグ的効果が党に得票と議席を、したがって権力をもたらし、その結果として自分たちの望んだ報酬を手に入れるチャンスが最大限に広がることである。凡庸な人間から成り立っている政党の抽象的な綱領のためだけでなく、ある一人の人間のために心から献身的に働いているのだという満足感――すべての指導者資質にみられるこの「カリスマ的」要素――が彼らの精神的な動機の一つである。

このような形態は、自分の勢力を守ろうとする地方の名望家や代議士との不断の潜在的闘争のなかで――その程度はまちまちだが――地歩を固めていった。まずアメリカ合衆国のブルジョア政党で、次いでとくにドイツの社会民主党において。誰もが一日おく指導者がいなくなると、絶えず巻き返しが起こり、かりに指導者がいても、党名望家の虚栄心や利益に対するいろいろの譲歩は避けられなかった。しかしとりわけ重要なのは、このマシーンが、時として、その日常事務を握った党官僚の支配下に入ってしまうことである。多くの社会民主党員は、同党が「官僚化」してしまったと考えている。しかし「官僚」というものは、デマゴーグとして強い影響力をもつ個性的な指導者には、わりと簡単にくっついてゆくものである。これは官僚の物質的・精神的利害が、指導者の望む党勢力の拡大と密接に結びついているからであるが、それとは別に、指導者のために働くということ自体が、精神的な意味でかなり大きな満足感を彼らに与えるからである。

官僚だけでなく「名望家」が党への影響力を握っているところでは――ブルジョ

ア政党ではたいていそうだが——指導者の台頭はずっとむずかしくなる。名望家たちは、幹事や委員といった小っぽけな役職に就くことに精神的な「生き甲斐」を感じているからである。彼らの行動を規定しているのは、新参者としてのデマゴーグに対する反感、政党政治の「経験」では俺の方が一枚上だという自信——この「経験」は実際にもなかなか重要だが——、それに、党の古い伝統が崩れてしまうのではないかというイデオロギー上の不安である。しかも彼らは、党内ではすべての伝統主義的な分子を味方につけている。ことに地方の選挙民は——小市民的な選挙民もそうだが——以前から馴染みのある名望家の名前だと信用するが、未知の人間にはなかなか気を許さぬものである。——もちろん、いったん成功してしまえば、今度は一転して熱狂的なファンにもなるわけだが。これら二つの構造形態の間の相剋を二、三の主要な例について検討し、とくにオストロゴォルスキー[25]が述べている人民投票的形態の台頭について見ていくことにする。

まずイギリス。この国の政党組織は一八六八年までほとんど純然たる名望家組織といってよかった。トーリー党は農村では、たとえば国教会派の牧師と——たいていの場合——教師、とくに州《カウンティ》の大地主を地盤とし、ホイッグ党の方は、たいてい、非国教会派の牧師(それがいた場合のことだが)や宿駅長、鍛冶屋、仕立屋、ロープづくりの職人たち——ようするに庶民のお喋り相手になる機会が最も多く、それだけに政治的影響力もあった職人たち——を地盤にしていた。都市では経済観や、宗教観、時にはただ父祖伝来の政党観によって支持政党が分かれていた。しかし、政治運営の担い手が名望家であることに変わりはなく、こうした土台の上に、中央における議会と与野党、それに「内閣」と「リーダー」——首相と野党の党首——がのっかかっていた。この党首《リーダー》と並ぶ党組織の最も重要な職業政治家といえば「院内幹事《ホイップ》」である。官職任命権が彼の手に握られていたため、猟官者は彼のところにお百度を踏み、彼もこの問題で各選挙区の代議士と協議した。地元で運動員が得られるようになると、各選挙区で徐々に職業政治家層が育ってくるが、当初は無給で、その地位は大体ドイツの「世話人」に似ていた。ところがそれと並んで一種の資本主義的な企業家が選挙区に出てきた。これが「選挙事務長《エレクション・エイジェント》」で、公正な選挙を保証するイギリスの近代的立法の下では避けられない存在であった。この立法は、選挙費用の規制と財力への対抗を狙ったもので、各候補者に選挙費用の報告を義務づけたが、これは候補者が――昔のドイツ以上に――声をからして演説もしたが、財布を取り出すのもなかなか好きだったからである。選挙事務長は候補者からどんぶり勘定で金をうけとり、それで一儲けするのが常であった。――議会内や議会外での「リーダー」と党名望家との権力配分についていえば、イギリスでは昔からリーダーが――強力で安定した政治を可能にするためという至極もっともな理由によって――非常に重要なウエイトを占めていたが、しかし平議員と党名望家の勢力もまだまだ相当なものであった。

古い政党組織の実態――半ば名望家の経営であり、半ばすでに職員と企業家の組織になりかけていた――は大体こんなものであった。ところが一八六八年以降、始めはバーミンガムの、次いで全国の地方選挙で、「コーカス」システム[26]が発達してきた。このシステムの生みの親は、非国教会派のある牧師とジョセフ・チェンバレン[27]で、そのきっかけは選挙権の民主化であった。大衆獲得のためには、一見民主的な体裁をとった諸団体を母体にした巨大な装置を発足させ、都市の各地区に選挙団体を設け、組織を絶えず動かし、一切を厳格に官僚制化することが必要になった。こうして、有給の職員の数は増え、また地方の選挙委員会――これにはやがて全体で一〇パーセント程度の有権者が組織されていった――から支部長が選ばれ、これが政党政治の正式の担い手として各種の互選権をもつようになった。コーカス・システムの推進力は、とりわけ自治体行政――これはどこでも非常に豊かな物質的チャンスの源泉であった――に強い関心をもった地方の人たちで、資金もまず彼らの手で調達された。議員の指図をもはやうけないこの新しいマシーンは、生誕早々かからこれまでの実力者、とくに「院内幹事」と一戦を交えなければならなかったが、地方の関係者の支持を得てこの戦いに勝ち、院内幹事の方が折れてマシーンと妥協せざるをえなくなった。その結果、すべての権力は党の頂点に立つ少数者の手に、最後には一人の手に集中されることになった。事実イギリスの自由党では、グラッドストン(28)が権力の座に登るのと結びついて全機構が急激に膨れ上がっている。このマシーンがあのように急速に名望家に勝てたのは、グラッドストンの「偉大な」デマゴギーの魅力、彼の政策の倫理的内容、とくに彼の人格の倫理的性格に対する大衆の確固たる信頼によるものであった。政治における一種のカエサル的＝人民投票的要素、つまり選挙戦における独裁者がこうして登場した。これはまたたく間に実現した。一八七七年にはコーカスがはじめて総選挙で活躍し、成功の絶頂にあったディズレーリ(29)を失脚させるという輝かしい成功を収めた。自由党のマシーンは一八八六年には、すでにグラッドストン個人のカリスマの完全な支配下にあり、現にこの年アイルランド自治問題(30)が起こるや、全装置は上から下まで、「本当に自分たちはグラッドストンの立場に賛成なのだろうか」、そんなことはそっちのけで、完全にグラッドストンの言うがままになり、「彼のやる通りについていこう」と叫んで、みずからの生みの親であるチェンバレンまで見捨ててしまった。

こうした機構には多くの人間が必要である。イギリスで、直接、政党政治で生活する者の数は二〇〇〇人くらいであろう。もちろん、純粋な猟官者や利害関係者として、政治――とくに地方自治体内部の政治――に携わる者の数ははるかに多い。有能なコーカス政治家には経済的なチャンスのほかに虚栄心を満たすチャンスがある。(ノーマルな)野心の最高目標といえば、もちろん「治安判事」、できれば「下院議員」になることで、家柄のよい「紳士」たちにこれが与えられた。またとくに大口後援者にとっては——党財政の大体五〇パーセントは名を秘した贈り主の寄付によって賄《まかな》われた——貴族の称号が最高の魅力であった。

ところで、このシステム全体はどのような効果を生んだか。今日イギリスの国会議員は、二、三の閣僚（と若干の奇人）を除いて、一般に訓練の行き届いたイエス・マンに過ぎなくなっている。ドイツの国会では、自分の議席の机でせめて私用の手紙でも書いて、お国のために働いているようなふりだけはしたものである。こんなジェスチュアはイギリスでは無用である。議員は投票だけして党を裏切らなければよい。事情に応じて内閣や野党の党首《リーダー》から出される指令をおこなうよう、「院内幹事《ホイップ》」から呼び出しがかかれば、何はさておき登院しなければならない。強力な指導者がいる時の全国各地のコーカス・マシーンはほとんど無原則で、完全に党首《リーダー》のいいなりになる。こうして議会の上には、マシーンの力を借りて大衆の支持を得た独裁者——事実上人民投票的な——が君臨し、議員はこれに追従する政治的な受禄者に過ぎなくなる。

　ところでこういう指導者はどのようにして選ばれるのか。まず第一に、どんな能力が選択の基準になるのか。それには――世界中どこでも逞《たくま》しい意志が決定的な資質であるが、これに次いで――とくに重要なのは、もちろんデマゴーグ的な雄弁の力である。演説の仕方は時代とともに変わってきた。コブデン(31)のように悟性に訴えた時代から、一見平凡な「事実をして語らしめる」式の技巧をマスターしたグラッドストンを経て、現代では、大衆を動かすために救世軍もどきの手段を用いて、もっぱら情緒的に働きかける演説が多くなっている。今のこの状態を、「大衆の情緒性を利用した独裁制」と呼ぶこともできよう。――ところがイギリスの議会では委員会制度が非常に発達してきて、そこでの共同作業という新しい道が開け、指導にあずかろうとするほどの政治家なら是非踏まなければならぬコースになっている。最近数十年の傑出した閣僚はすべて、このきわめてリアルで効果的な実務訓練を経てきた人たちである。政治家はそこで報告をしたり、審議事項について公開の批判をおこなったりするわけで、そのためイギリスではこの実地訓練の中で、指導者の選抜が事実上おこなわれ、逆に単なるデマゴーグが排除されるようになった。

以上がイギリスの状態である。しかしイギリスのコーカス・システムもアメリカの政党組織に比べると、生ぬるい形式でしかなかった。アメリカの政党組織では人民投票的原則が非常に早くから、特別に純粋な形で打ち出されていた。ワシントンが理念として描いていたアメリカは、「ジェントルマン」が支配する国のはずであった。ジェントルマンといえば、アメリカでも当時は、地主か大学教育をうけた人を指していた。アメリカでも最初はそうだったのである。名望家が支配したころのイギリスと同じように、政党結成の当初は下院議員が指導者になろうとした。政党組織はまだいたってルースで、この状態が一八二四年まで続いた。すでに一八二〇年代以前から、多くの地方自治体で――アメリカでもここが近代的発展の発祥地であった――政党マシーンが生まれつつあったが、古い伝統が完全に払拭されたのは、西部農民の候補者アンドルー・ジャクソン(32)が大統領に選出されてからである。議会が全国に根を張った政党マシーンに対する統制力をほとんど完全に失ってしまったため、かつての大物議員――カルフーン(33)やウェブスター(34)――らが政界から引退したのは一八四〇年代のごく初期のことで、有力議員による政党支配はこれによって正式に終わりを告げることになった。アメリカで人民投票的な「マシーン」がこのように早くから発達した原因は、アメリカでは、いやアメリカでのみ、人民投票で選ばれた大統領が、行政府の長であると同時に――これが大切な点だが――官職任命権も握っていたからである。また彼が「三権分立」のおかげでその職務執行に当ってほとんど議会の干渉をうけなかったからである。こうして大統領選挙ともなれば、官職扶持という正真正銘の掠奪対象が勝利の報奨として、ちらつかされることになった。この傾向は、アンドルー・ジャクソンがまったく組織的に原理にまで高めた「猟官制《スポイルズ・システム》」によって、一層強化された。

この猟官制――大統領当選者の追随者に連邦のすべての官職を分け与える制度――は、今日の政党構造に対してどういう意味をもっているか。まったく定見のない政党、純粋な猟官者の組織同士が対立し、票集めの見込み次第で選挙戦ごとに綱領を変える――これに似た例は他の国にもあるが、これほど目まぐるしく変わるところはない――といった事態が起こってくる。アメリカの政党は何から何まで、合衆国大統領と各州知事といった、官職任命権にとって特別に重要な意味をもつ選挙戦に向けて編成されている。綱領と候補者は党の「全国大会」で決定され、議員はこれには加わらない。つまりこの全国大会には代議員会から代表が出、さらにその代議員会のメンバーは「予選会《プライマリー》」、すなわち政党の第一次選挙人会の委託をうけて出てくるわけで、形式的にはきわめて民主的な体裁がとられている。代議員はすでに予選会の段階から大統領候補の名で選ばれるので、「指 名《ノミネーション》」問題をめぐる各党内部の戦いは熾烈をきわめた。大統領の手にはいずれにせよ三〇万から四〇万という数の官吏の任命権がゆだねられているが、その実施には各州上院議員の承認が必要である。だから上院議員は政治家としてなかなかの実権をもっている。それに比べれば下院の方は政治的にはいたって無力である。これは下院が官吏任命権から外されており、また大統領には、何人に対しても、議会に対しても反対できる権利が国民から与えられていたため、純粋にその補助者である閣僚〔各省長官〕も議会の信任・不信任に関係なく職務を執行できるからである。これも「三権分立」の結果である。

以上のような基盤の上に出てきた猟官制がアメリカで技術的に可能であったのは、

アメリカ文化がまだ若く、純粋な素人行政でやってゆけたからである。党のためにつくしたという事実のほかに何の資格も証明できない三〇万から四〇万もの党員が、官吏に任命されるというこの事態は、当然のことながら恐るべき弊害、類例のない腐敗と浪費――無限の経済的なチャンスを残した国にしてはじめて堪えられるほどの――を伴ったからである。

さて、この人民投票的な政党マシーンとともに登場した人物が「ボス」である。ボスとは何者であるか。自分の計算と危険において票をかき集める政治上の資本主義企業家である。ボスは弁護士として、居酒屋の主人やそれと似た経営主、時には金貸しとして、まずわたりをつけ、そこから自分の網を広げていって、一定数の票を「コントロール」できるようになる。ここまで漕ぎつければ、今度は隣のボスと連絡をつけ、その熱心さ、巧妙さ、とりわけ慎重さによって、その道の先輩たちの注目を惹き、出世していくわけである。ボスは党組織にとって欠かすことのできない存在である。組織は彼らの手にがっちりと握られている。ボスは資金の大部分を調達する。どのようにしてそれを手に入れるのか。一部は党員の献金であるが、大切なのは、ボスとその政党の力で官職にありついた官吏の俸給に割り当てるという方法である。それに、賄賂とチップ。法網をくぐって処罰を免れようと思えば、ボスに見逃してもらわねばならず、それには謝礼が要る。そうしないと、必ず面倒なことが起こるというわけである。しかし、それだけではまだ必要な党運営資金は調達されない。ボスは財界の大物からじかに金をうけとる人間として、どうしても必要である。彼ら大物が、選挙資金をサラリーマンの党職員や正式の会計係などに直接手渡すことはあるまい。金銭の問題にかけて万事慎重で抜け目のないボスなら、選挙を賄う資本家連中にとって当然、自分たちの仲間内とみられるわけである。典型的なボスは徹頭徹尾冷静な人間である。彼は社会的名誉を求めない。「プロ」のボスは「上流社会」では軽蔑されている。彼は権力だけを求める。財源としての権力を、しかしまた権力のための権力だけを求める。彼は闇の中で仕事をし、その点ではイギリスの指導者と対照的である。われわれは公の場所でボスの演説をきくことはないであろう。何をどうしゃべったら目的に適うか、演説者に入れ知恵することはあっても、自分自身は黙っている。彼は普通、連邦の上院議員以外の職には就かない。上院議員は憲法によって官職任命権に参画しているので、主だったボスはしばしば自分で上院に議席をもつ。官職授与は第一には党に対する功績を基準にしておこなわれるが、競売のこともよくあり、一つ一つの官職にそれぞれいくらという値段がついていた。教会国家を含めて一七、八世紀の君主制国家にもよくあった売官制度の一種である。

ボスははっきりした政治「原則」をもたない。彼はまったく主義をもたず、票集めのことしか考えない。かなり教育程度の悪い人間のことも珍しくない。が、その私生活はふつう非の打ちどころのない几帳面なものである。といっても政治倫理だけは別で、ちょうど〔戦争中の〕買い溜め時代に〔真面目なはずの〕われわれドイツ人の非常に多くが、経済倫理の領域でそうしたように、ボスも政治行為の面ではむろん既成の平均的倫理に従っている。「プロ」だ、政治屋だと社会的に軽蔑されても、彼は平気である。ボス自身が連邦の要職に就かず、そのつもりもないことは、他面で次のような長所をもっている。ドイツのように党の古い名望家が何度も立候補するのでなく、選挙で人気が出るとボスの方で判断すれば、党に関係のないインテリや有名人でも、しばしば立候補できるという点である。だから、社会的に軽蔑された実力者に牛耳られた・この無定見な政党構造の方が、かえって有能な――ドイツならとうてい出世の見込みのないような――人材を、大統領職に送り込むのに役立ったわけである。もちろんボスは、自分たちの金づるや権力の源泉を脅かすようなアウトサイダーには抵抗する。しかし、選挙民の好意を競う闘争では、腐敗の敵として知られる候補者でも受け入れざるをえないことがよくあった。

アメリカにはこのように、上から下まで厳格に組織された高度に資本主義的な政党経営があって、これがタマニー・ホールのような、おそろしく強固で修道会《オルデン》まがいの組織をもったクラブの支持も得ているわけである。この種のクラブはもっぱら政治支配、とくに自治体行政――アメリカでもこれが最も重要な搾取の対象となっている――を操ることによって利益をあげようとする団体である。このような構造をもった政党生活が可能であったのは、アメリカ合衆国が「新しい国」として高度に民主的だったからである。ところが現在ではその点の事情が変わって、この制度も徐々に滅びつつある。アメリカはもはや素人だけでは統治できなくなっている。

自分たちであんなに公然と軽蔑している政治家たちに、どうしてあなた方は統治されているのか。アメリカの労働者にこう尋ねると、一五年前〔一九〇四年、著者はアメリカ旅行をした〕までは、次のような答えが返ってきた。「あんた方のお国のように、こっちをなめてかかったお偉い官員さまよりも、こっちでなめてかかれる連中を役人衆にしとく方がこっちも気が楽なのさ」。これがかつてのアメリカ「民主主義」の立場であった。といっても社会主義者たちはすでに当時からまったく別の考え方をしていたが。しかしもうこの状態ではどうにもならなくなっている。素人行政では間に合わなくなり、公務員法改正によって、年金のつく終身ポストの数は確実に増え、ドイツの場合と同じく、清廉で有能な大学出の官吏が官職に就くようになってきた。約一〇万の官職は、すでに今日では選挙のたびに喰い物にされる餌ではなくなり、年金がつき、任用の条件として資格証明書を必要とするようになっている。こうして、猟官制は徐々に後退を余儀なくされ、それとともに、おそらく政党指導の仕方も変わっていくであろう。ただし、それがどう変わるのか、これだけはまだよく分からない。

ドイツでは今までのところ、大体つぎのようなものが政治運営の決定的な条件であった。第一は、議会の無力という現象で、そのためドイツでは長い間、指導者の資質をもつ人間が議会に入ってこなかった。彼らが議員を目指したところで、――一体議会で何ができるというのか。官庁のポストに空席が生じた時、そこの長官に向かってこう言うことはできた。「実は、自分の選挙区に大変できる男がいる。適任だと思うんだが、君一つ使ってみてくれないか」。そしてこんなことならよくあった。しかし、ドイツの議員が自分の権力本能――ただしそれを持っていての話だが――を満足させるためにできたことといえば、せいぜいこれくらいのものであった。この議会の無力を生み出した条件として、次の第二の事情が加わった。それは、専門的に訓練された官僚層がドイツでは圧倒的な重要性をもっていたという事実である。その点ではドイツは世界のトップ・クラスである。こうした官僚層の重要性の結果、ドイツの専門官僚は閣僚の地位まで要求するようになった。昨年のことだが、バイエルン州議会で議会制の強化の問題が討議された際、もし議員を大臣にしたら、今後、有能な人材は官吏にならなくなるだろうという趣旨の発言があった。

ドイツの官僚行政はその上、イギリスの委員会討論を通しておこなわれたようなコントロールを、制度的に免れていたので、実際に抑えのきく行政長官を議会内部で養成することも——若干の例外を除いて——できなかった。

第三に、ドイツにはアメリカと違って、政治上の主義をもった政党が存在した。それらの政党では、少なくとも主観的には大真面目に、わが党の党員は一定の「世界観」の信奉者であると主張していた。そのうち最も重要なのは、カトリックの中央党と社会民主党の二つであるが、どちらも生まれながらの少数党、しかも、それぞれの狙いがあっての少数党であった。帝国《ライヒ》の中央党幹部は、われわれは議会主義に反対する、議会主義になればわれわれは少数党になり、これまでのように、政府に圧力を加えて猟官者に職をあてがうこともむずかしくなるからだ、と公言してはばからなかった。社会民主党の方も、既存の政治的ブルジョア的秩序で身を汚したくないという理由から、原理的に少数党であり、ドイツの議会制の強化を妨げてきた。この二つの政党が議会制に背を向けていたという事実が、ドイツにおける議会主義を不可能にしたのである。

この場合ドイツの職業政治家はどうなったか。彼らは権力もなく責任も持たず、名望家としてかなりどうでもよい役割しか果たすことができず、そのために彼らは、どこにでも見られる典型的な派閥《ツンフト》本能にたえずとり憑《つ》かれてきた。些々《ささ》たるポストに生き甲斐を感ずるこれら名望家仲間の中では、変わり種の出る幕はなかった。指導者の資質をもちながら、それをもっていたがために名望家たちから白眼視され、悲劇的な政治生涯を送った人々は、どの政党にもたくさんいたし、もちろん社会民主党も例外ではなかった。

ドイツのすべての政党はこういう名望家ギルドへの発展の道をたどってきた。たとえば、〔社会民主党の〕ベーベル[35]は優れた知性の持ち主ではなかったが、その情熱や純粋な性格からいってやはり指導者であった。殉教者であり、大衆の信頼を〔彼らの目から見て〕決して裏切らなかったところから、大衆の絶対的な支持をえ、正面切って彼に反対できるような党内勢力も存在しなかった。ところがベーベルの死後この状態は終わりを告げ、官僚支配が始まった。労働組合官僚、党書記、ジャーナリストが出世し、官僚主義が党内にはびこった。もちろんそれはこの上もなく高潔な官僚層——他の国々の状態、とくに賄賂の横行するアメリカの労働組合官僚のことを考えれば、世にも稀なくらい高潔な——ではあったが、しかしその登場につれて、さきに述べた官僚支配〔官僚政治〕に伴う諸結果が政党の内部にも現われてきた。

ブルジョア政党は一八八〇年以降、完全に名望家ギルドになった。なるほどこれらの政党でも時には党外のインテリを宣伝目的に利用し、「この人もあの人もわが党の味方である」と言う必要はあった。しかしこれらの人を選挙に立てることは極力避け、万已むをえない場合、当人がそうでないと承知しない場合にだけ、立候補させた。

議会でも同じ精神が支配した。ドイツの議会政党は昔も今もギルドである。帝国議会の本会議でおこなわれる演説は、すべて事前に党内で徹底的に検討される。そのことは演説がひどく退屈なことからも分かる。あらかじめ演説者として指名された者でなければ発言できない。イギリスやフランスの慣例——その由来は両国で正反対であったが——と比べて、これほど対蹠的な点はほとんど考えられない。

さてドイツではいま〔敗戦という〕大きな崩壊——世間ではふつう、革命と呼んでいる——の結果として、一つの転換が多分進行しつつある。多分であって、確実に、ではない。まず新しい政党装置の萌芽が現われてきた。その第一はアマチュアの装置である。とくに多いのは、いろいろの大学の学生によって代表された場合で、彼らは自分たちで指導者資質があると目星をつけた人に向かって「必要な仕事はわれわれが手伝います。どうかそれをやり遂げて下さい」と申し出る。第二は「プロ」の装置で、指導者資質を認めた人のところにやってきて、一票いくらで運動を引き受けよう、と申し出る場合である。——純粋に技術的・政治的観点から見て、この二つの装置のうちどちらが頼りになると思うか。もし諸君から率直にこう尋ねられれば、私ならきっと後者を選ぶであろう。しかしどちらも、にわかに膨れ上がってたちまち消えた泡沫現象であった。既存の装置はその間、入れ替えはあっても、活動を続けていった。さきの現象は、指導者さえいたら、多分新しい装置が生まれていただろう、ということの一つの兆候に過ぎなかったのである。しかしこの指導者の台頭は、新しく採用された比例選挙法の技術上の特性からも、期待できなくなった。ほんの二、三の街頭の独裁者が生まれては消えていったに過ぎなかった。この街頭の独裁者の追随者だけが厳格な規律で組織されていて、これが消えつつある彼ら少数派の勢力の根源であった。

さて事情が一変したと仮定しよう。上述のことから、次のことだけは肝に銘じておく必要がある。人民投票的指導者による政党指導は、追随者から「魂を奪い」、彼らの精神的プロレタリア化――とでもいえそうな事態――を現実にもたらす、ということである。指導者のための装置として役立つためには、追随者は盲目的に服従しなければならず、アメリカ的な意味でのマシーン――名望家の虚栄心や自説に固執して、故障を起こしたりしないマシーン――でなければならない。リンカーンの当選は政党組織がこういう性格をもっていてはじめてできたことだし、すでに述べたように、グラッドストンの場合も、コーカスで同じことが起こったのである。これこそは、指導者による指導に対して支払われる当然の代償である。ところでぎりぎりのところ道は二つしかない。「マシーン」を伴う指導者民主制《フューラー・デモクラティー》を選ぶか、それとも指導者なき民主制、つまり天職を欠き、指導者の本質をなす内的・カリスマ的資質を持たぬ「職業政治家」の支配を選ぶかである。そして後者は、党内反対派の立場からよく「派閥」支配と呼ばれるものである。現在のところドイツにはこれしかない。そして将来についても、少なくとも国家レヴェル《ライヒ》では、この現状の存続に有利である。その一つの理由は、いずれそこでは連邦参議院が復活し、帝国議会の権力を、ひいては指導者選出の場としての議会の重要性を、制限するに違いないからである。もう一つの問題は比例選挙法で、今の形でのそれは、指導者なき民主制の典型的な現象である。比例選挙法は官職任命をめぐる名望家たちの闇取引を助長するだけでなく、今後、各種の利益団体がその役員を候補者リストの中に割り込ませ、議会を本当の指導者の入る余地のない、政治不在の議会にしてしまう惧《おそ》れがあるからである。そうなれば、大統領——議会によってではなく人民投票によって選ばれた——だけが、指導者に対する期待を満たす唯一の安全弁となるであろう。たとえばアメリカ合衆国のあちこちにあるような大きな地方自治体で、本気で腐敗を退治しようとする場合、人民投票で選ばれ、自分の役所を自主的に編成する権限をもった強力な市長が出てくるものだが、実績本位の指導者はとりわけこんな時に生まれ、選び出されるものである。そして、そうなれば、このような選挙に照準を合わせた政党組織が出てくるであろう。ところがドイツでは、指導者に対するはなはだ小市民的な反感が——とくに社会民主党を含めて——どの政党にも残っていて、将来における政党形成の方途についても、いま述べた現状変革のすべてのチャンスについても、まだ皆目見当がつかない有様である。

だから「職業」としての政治は、これから、外観上どのような形をとって運営されることになるのか、ましてや、政治的才能に恵まれた人間が今後どういう道を選べば、やり甲斐のある政治上の仕事に立ち向かうチャンスが開けてくるのか。そういった問題についても、いまのところまったく見とおしが立っていない。資産状態からいって、政治「によって」生きることを余儀なくされた人の場合、おそらく今後も次のようなコースが選択の対象となるであろう。典型的な直線コースとしてはジャーナリズムか政党職員のポスト。そうでなければ、労働組合・商業会議所・農業会議所・手工業会議所・労働会議所・使用者団体といった利益代表のポスト、あるいは地方自治体の適当な地位。政治経営の外的な側面についてはこれ以上つけ加えることもないが、ただ一つだけ言えることは、ジャーナリストも党職員も、世間では「ならず者」という汚名を着せられているという事実である。あちらでは「売文屋」、こちらでは「おかかえ弁士」。あからさまにそう言われないまでも、残念ながら始終そんな噂が彼の耳に入ってくるであろう。これに対して精神的な防備のない人間、自分自身に向かって正しい答えの出せない人間は、こういう職業に手を出さぬがよい。この職業には、どんな場合でも重大な誘惑がつきまとい、また絶えず失望をなめさせられるからである。

ところで、このような職業はどんな内的な喜びを与えることができるか。またこのような職業に身をささげる人間には、どのような個人的前提条件が必要とされるであろうか。

さて、それが与えるものの第一は権力感情《マハト・ゲフュール》である。形式的にはたいした地位にない職業政治家でも、自分はいま他人を動かしているのだ、彼らに対する権力にあずかっているのだという意識、とりわけ、歴史的な重大事件の神経繊維の一本をこの手で握っているのだという感情によって、日常生活の枠を越えてしまったような一種昂揚《こうよう》した気分になれるものである。しかし、この場合次のような問題が出てくる。一体どんな資質があれば、彼はこの権力(個別的に見てそれがどんなに限られた権力であっても)にふさわしい人間に、また権力が自分に課する責任に耐えうる人間になれるのか。ここにいたってわれわれは倫理的問題の領域に足を踏み入れることになる。どんな人間であれば、歴史の歯車に手を掛ける資格があるのかという問題は、たしかに倫理的問題の領域に属している。

政治家にとっては、情熱(Leidenschaft)——責任感(Verantwortungsgefühl)——判断力(Augenmaß)の三つの資質がとくに重要であるといえよう。ここで情熱とは、事柄に即するという意味での情熱、つまり「事柄《ザッヘ》」(「仕事」「問題」「対象」「現実」)への情熱的献身、その事柄を司っている神ないしデーモンへの情熱的献身のことである。それは、今は亡き私の友ゲオルク・ジンメル[36]がつねづね「不毛な興奮」と呼んでいた、例の精神態度のことではない。インテリ、とくにロシアのインテリ(もちろん全部ではない!)のある種のタイプに見られた——ジンメルの言葉がぴったりな——態度、また現在「革命」という誇らしげな名前で飾り立てられたこの乱痴気騒ぎ《カーニヴァル》の中で、ドイツのインテリの間でも幅をきかせているあの精神態度。そんなものはむなしく消えていく「知的道化師《どうけし》のロマンティシズム」であり、仕事に対する一切の責任を欠いた態度である。実際、どんなに純粋に感じられた情熱であっても、単なる情熱だけでは充分でない。情熱は、それが「仕事」への奉仕として、責任性と結びつき、この仕事に対する責任性が行為の決定的な規準となった時に、はじめて政治家をつくり出す。そしてそのためには判断力――これは政治家の決定的な心理的資質である――が必要である。すなわち精神を集中して冷静さを失わず、現実をあるがままに受けとめる能力、つまり事物と人間に対して距離を置いて見ることが必要である。「距離を失ってしまうこと」はどんな政治家にとっても、それだけで大罪の一つである。ドイツのインテリの卵たちの間でこうした傾向が育成されれば、彼らの将来は政治的無能力を宣告されたも同然である。実際、燃える情熱と冷静な判断力の二つを、どうしたら一つの魂の中でしっかりと結びつけることができるか、これこそが問題である。政治は頭脳でおこなうもので、身体や精神の他の部分でおこなうものではない。ではあるが、もし政治が軽薄な知的遊戯でなく、人間として真剣な行為であるべきなら、政治への献身は情熱からのみ生まれ、情熱によってのみ培われる。しかし、距離への習熟――あらゆる意味での――がなければ、情熱的な政治家を特徴づけ、しかも彼を「不毛な興奮に酔った」単なる政治的ディレッタントから区別する、あの強靭な魂の抑制も不可能となる。政治的「人格」の「強靭さ」とは、何を措《お》いてもこうした資質を所有することである。

だから政治家は、自分の内部に巣くうごくありふれた、あまりにも人間的な敵を不断に克服していかなければならない。この場合の敵とはごく卑俗な虚栄心のことで、これこそ一切の没主観的な献身と距離――この場合、自分自身に対する距離――にとって不倶戴天《ふぐたいてん》の敵である。

むろん虚栄心は広くゆきわたって見られる性質で、これがまったくないような人間はまずいない。そして大学や学者の世界ではこれが一種の職業病になっている。ただ学者の場合には、その表われ方がどんなに鼻持ちならぬものであっても、普通、学問上の仕事の妨げにならないという意味では、比較的無害である。政治家だと、とてもそうはいかない。政治家の活動には、不可避的な手段としての権力の追求がつきものだからである。その意味で「権力本能」——と一般に呼ばれているもの——は政治家にとって実はノーマルな資質の一つである。——ところがこの権力追求がひたすら「仕事」に仕えるのでなく、本筋から外れて、純個人的な自己陶酔の対象となる時、この職業の神聖な精神に対する冒瀆が始まる。政治の領域における大罪は結局のところ、仕事の本筋に即しない態度と、もう一つ——それといつも同一ではないが、しばしば重なって現われる——無責任な態度の二種類にしぼられるからである。虚栄心とは、自分というものをできるだけ人目に立つように押し出したいという欲望のことで、これが政治家を最も強く誘惑して、二つの大罪の一方または両方を犯させる。デマゴーグは「効果」を計算しなければならないだけに、この危険もそれだけ大きく——演技者になったり、自分の行為の結果に対する責任を安易に考えたり、自分の与える「印象」ばかり気にするといった危険に不断にさらされている。デマゴーグの態度は本筋に即していないから、本物の権力の代わりに権力の派手な外観《シャイン》を求め、またその態度が無責任だから、内容的な目的をなに一つ持たず、ただ権力のために権力を享受することになりやすい。権力は一切の政治の不可避的な手段であり、従ってまた、一切の政治の原動力であるが、というよりむしろ、権力がまさにそういうものであるからこそ、権力を笠に着た成り上がり者の大言壮語や、権力に溺れたナルシシズム、ようするに純粋な権力崇拝ほど、政治の力を堕落させ歪めるものはない。単なる「権力政治家」——こういう人間を、祭り上げる儀式がドイツでも熱心に営まれている——の活動は派手かも知れないが、実際には空虚で無意味なものに終わってしまう。その点で「権力政治」の批判者の言うところは完全に正しい。こうした〔権力政治的〕心情の典型的な持ち主が突然精神的に崩れてしまった実例を見るにつけ、われわれは彼らの思い上がった、しかし空虚なジェスチュアの背後に、どんな精神的な弱さと脆《もろ》さが隠されていたかを体験できた。彼らの空虚なジェスチュアは、人間の行為の意味に対する、いとも貧しく、いとも皮相な尊大さ——一切の行為、わけても政治行為を現にその中に巻き込んでいる悲劇性について、なに一つ知るところのない尊大さ——の産物である。

政治行為の最終結果が、往々にして、いや決まって、当初の意図とひどく喰い違い、しばしば正反対なものになる、というのはまったく真実で——いまその立ち入った証明をしている余裕はないが――一切の歴史の根本的事実である。しかしそうだからといって、行為にとって内的な支柱が必要である以上、この本来の意図、つまりある事柄への奉仕なぞなくてよい、ということにはならない。ところで政治家がそのために権力を求め、権力を行使するところの「事柄」がどういうものであるべきかは信仰の問題である。政治家が奉仕する目標は、ナショナルなこともあれば人類的なこともある。社会的で倫理的なこともあれば、文化的なこともあり、現世的もしくは宗教的なこともある。「進歩」――それがどんな意味のものであれ――に対する確信の上に立っていることもあれば、この種の信仰を冷たく拒否することもある。ある「理念」への奉仕を看板にかかげる場合もあれば、逆にこうした要求を原理的にしりぞけ、日常生活の些細な目標に仕えようとする場合もある――が、いずれにせよ、そこにはなんらかの信仰がなければならない。そうでないと、表面上どんなに輝かしい政治的成功も、被造物特有のむなしさという呪われた運命を――威《おど》しではなく、本当のところ――免れないことになる。

いろいろ話しているうちに、われわれはいつの間にか「仕事《ザッヘ》」としての政治のエ、ートスという、今夕われわれに関係のある最後の問題について論じ始めていたようである。およそ政治というものは、それが目指す目標とはまったく別個に、人間生活の倫理的な営みの全体の中でどのような使命を果たすことができるのか。言ってみれば、政治の倫理的故郷はどこにあるのか。もちろんそこでは、究極的な世界観が衝突し合っていて、われわれとしては結局その中のどれかを選択しなければならないわけである。それでは、最近になって――私の考えでは完全に間違った仕方で――再燃してきたこの問題に、思いきって取り組んでみることにしよう。

まず最初に、この問題をめぐって起こっている、ごくありふれた歪曲を取り除くことから始めることにしよう。というのはさし当たってこの倫理《エーティック》が、道徳的にははなはだ困った役割を負わされて登場することがあるからである。例を挙げてみよう。ある男性の愛情がＡ女からＢ女に移った時、件《くだん》の男性が、Ａ女は自分の愛情に値しなかった、彼女は自分を失望させたとか、その他、似たような「理由」をいろいろ挙げて、ひそかに自己弁護したくなるといったケースは珍しくない。彼がもはやＡ女を愛していず、Ａ女がそれを耐え忍ばねばならぬ、というのは確かにありのままの運命である。ところがその男がこのような運命に加えて、卑怯にもこれを「正当性」で上塗りし、自分の正しさを主張したり、彼女に現実の不幸だけでなくその不幸の責任まで転嫁しようとするのは、騎士道精神に反する。恋の鞘当《さやあ》てに勝った男が、やつは俺より下らぬ男であったに違いない、でなければ敗けるわけがないなどとうそぶく場合もそうである。戦争が済んだ後でその勝利者が、自分の方が正しかったから勝ったのだと、品位を欠いた独善さでぬけぬけと主張する場合ももちろん同じである。あるいは、戦争のすさまじさで精神的に参った人間が、自分にはとても耐えられなかったと素直に告白する代わりに、厭戦気分をひそかに自己弁護して、自分は道義的に悪い目的のために戦わねばならなかったから、我慢できなかったのだ、とごまかす場合もそうである。同じことは戦敗者の場合にもあることで、男らしく峻厳な態度をとる者なら——戦争が社会構造によって起こったというのなら——戦後になって「責任者」を追及するなどという愚痴っぽいことはせず、敵に向かってこう言うであろう。「われわれは戦いに敗れ、君たちは勝った。さあ決着はついた。一方では戦争の原因ともなった実質的な利害のことを考え、他方ではとりわけ戦勝者に負わされた将来に対する責任――これが肝心な点――にもかんがみ、ここでどういう結論を引き出すべきか、いっしょに話し合おうではないか」と。これ以外の言い方はすべて品位を欠き、禍根を残す。国民は利益の侵害は許しても、名誉の侵害、中でも説教じみた独善による名誉の侵害だけは断じて許さない。戦争の終結によって少なくとも戦争の道義的な埋葬は済んだはずなのに、数十年後、新しい文書が公開されるたびに、品位のない悲鳴や憎悪や憤激が再燃して来る。戦争の道義的埋葬は現実に即した《ザッハリッヒカイト》態度と騎士道精神《リッターリッヒカイト》、とりわけ品位によってのみ可能となる。しかしそれはいわゆる「倫理」（自己弁護の「倫理」）によっては絶対不可能で、この場合の「倫理」とは、実は双方における品位《ヴュルデ》の欠如を意味する。政治家にとって大切なのは将来と将来に対する責任である。ところが「倫理」はこれについて苦慮する代わりに、解決不可能だから政治的にも不毛な過去の責任問題の追及に明け暮れる。政治的な罪とは――もしそんなものがあるとすれば――こういう態度のことである。しかもその際、勝者は――道義的にも物質的にも――最大限の利益を得ようとし、他方、敗者にも、罪の懺悔を利用して有利な状勢を買い取ろうという魂胆があるから、こういうはなはだ物質的な利害関心によって問題全体が不可避的に歪曲化されるという事実までが、そこでは見逃されてしまう。「卑俗」とはまさにこういう態度をこそ指す言葉で、それは「倫理」が「独善」の手段として利用されたことの結果である。

それでは、倫理と政治との関係は本当はどうなっているのか。時おり言われてきたように、この二つの間にはまったく関係がないのか。それとも逆に、政治行為には、他のすべての行為の場合と同じ倫理が妥当すると見るのが正しいのか。この二つの主張の間には、よく、一方が正しいか、他方が正しいか、ようするに絶対的な二者択一の関係が存在すると信じられてきた。しかし、この世のある一つの倫理に基づいて立てられた掟は、恋愛・商売・家族・役所のどの関係についても、従って、相手が細君・八百屋のおかみさん・息子・競争者・友人・被告と変わっても内容的にはいつも同じだ、というのは果たして本当だろうか。政治が権力――その背後には暴力が控えている――というきわめて特殊な手段を用いて運営されるという事実は、政治に対する倫理的要求にとって、本当にどうでもよいことだろうか。そして現にボルシェヴィズムやスパルタクス団[37]のイデオローグたちも、彼らが行使するこの政治手段のゆえに、軍国主義的独裁者とまったく同じ結果を招いているという事実に、われわれは気づいていないのだろうか。権力を掌握した者の人柄とディレッタンティズムという点を除いて、労兵評議会《レーテ》の支配と旧制度のどれか任意の権力者の支配と、一体どこが違うのか。たいていのいわゆる新しい倫理の代弁者たちが、彼らの批判する敵に対しておこなう抗議は、デマゴーグのその敵に対する抗議とどの点で違っているのか。高貴な意図において違う、とそう人は言うであろう。よろしい。だがここで問題なのは手段である。高貴な究極の意図なら、彼らの攻撃する敵の方でも、主観的には完全な誠実さをもって、同じように主張している。まさに「剣をとる者は剣によって滅ぶ」〔「マタイによる福音書」第二六章〕であって、闘争はどこでおこなわれようと、しょせん闘争である。それでは――山上の垂訓の倫理ということになるのか。山上の垂訓《ベルク・プレディヒト》――とは福音の絶対倫理のことであるが――は今日、この掟を好んで引用する人々の考えているより、もっと厳粛な問題である。それは本当に笑いごとではないのである。科学における因果法則について、それは思うがままに停めて自由に乗り降りできるような辻馬車ではない、と言われてきたが、同じことは山上の垂訓についてもいえる。一切か無か。もし陳腐なものとは違った意味がそこから出てくるとすれば、これこそ垂訓の意味である。だからたとえば、富める若者は「この言葉を聞きて悲しみつつ去りぬ。大いなる資産を有《も》てる故なり」〔同上第一九章〕ということにもなったのである。福音の掟は無条件的で曖昧さを許さない。汝の有《も》てるものを――そっくりそのまま――与えよ、である。それに対して政治家は言うであろう。福音の掟は、それが万人のよくなしうるところでない以上、社会的には無意味な要求である。だから課税、特別利得税、没収――ようするに万人に対する強制と秩序が必要なのだ、と。しかし、倫理的掟はそんなことをまったく問題にしないし、そこにこの掟の本質がある。さらにそこでは「汝のもう一つの頬も向けよ！」〔同上第五章〕である。一体他人に殴る権利があるのか、そんなことは一切問わず、無条件に頬を向けるのである。それは聖人でもないかぎり屈辱の倫理である。人は万事について、少なくとも志の上では、聖人でなければならぬ。キリストのごとく、使徒のごとく、聖フランチェスコらのごとく生きねばならぬ。

これが掟の意味である。これを貫き得たときこの倫理は意味あるものとなり、〔屈辱ではなく〕品位の表現となる。そうでないときは、逆である。なぜなら、無差別的《アコスミッシュ》な愛の倫理を貫いていけば「悪しき者にも力もて抵抗《てむか》うな」となるが、政治家にはこれと逆に、悪しき者には力もて抵抗《てむか》え、しからずんば汝は悪の支配の責めを負うにいたらん、という命題が妥当するからである。福音の倫理に従って行為しようとする者は、ストライキをやめ——というのはストライキは強制だから——、御用組合に入るがよい。しかし「革命」を口にすることだけは慎むがよい。まさか福音の倫理が、内乱だけが唯一の正しい戦争だなどと説くはずはないからである。福音書に従って行為する平和主義者は、この戦争を、従って一切の戦争を終わらせるために、——ドイツ国内で奨励されたように——倫理的義務として、武器をとることを拒否するか抛棄するであろう。これに対して政治家は言うであろう。ここ当分の間、戦争の信用を失わせる唯一の確実な方法は現状凍結の講和であったはずだ、と。しかし、もしそうだとしたら、一体何のための戦争だったのか。釈然としないのは、この戦争を戦った各国の民衆であろう。そして確かにこれでは戦争は無意味におこなわれたことになる。しかし無意味な戦争――そんなことは今のところありえない。現に戦勝者、少なくともその一部分にとって、戦争は政治的に儲かったはずだから。そしてそうなった責任はといえば、われわれに一切の抵抗を禁じた例の態度にあったのである。やがて――疲弊の時期が過ぎて――そこで信用を失うことになるのは、戦争ではなく平和の方であろう。しかもこれは絶対倫理の一つの結果なのである。

最後に真実を述べる義務の問題がある。絶対倫理にとってこれは無条件のものである。つまり一切の文書、とりわけ自国に不利な文書もすべて公表し、この一方的な公表に基づいて、一方的、無条件的に、結果を考えずに罪の告白をなすべきだ、というのがそこから引き出された結論である。しかし、政治家なら、真実はこうした方法によっては結局明らかにされず、激情の濫用や暴発によって確実に蔽われてしまうということ、そうではなく、中立の第三者による周到で計画的な事実の確認作業、これだけが有効で、それ以外のどんな方法も、これを用いた国民に対して、数十年かかっても取り返しのつかないような結果をもたらす、という事実に気づくはずである。ところが「結果」などおよそ問題にしないのが、この絶対倫理である。

ここに決定的な問題点がある。まずわれわれが銘記しなければならないのは、倫理的に方向づけられたすべての行為は、根本的に異なった二つの調停しがたく対立した準則の下に立ちうるということ、すなわち「信条倫理的」に方向づけられている場合と、「責任倫理的」に方向づけられている場合があるということである。信条倫理(Gesinnungsethik)は無責任で、責任倫理(Verantwortungsethik)は信条を欠くという意味ではない。もちろんそんなことを言っているのではない。しかし人が信条倫理の準則の下で行為する――宗教的に言えば「キリスト者は正しきをおこない、結果を神に委ねる」――か、それとも、人は(予見しうる)結果の責任を負うべきだとする責任倫理の準則に従って行為するかは、底知れぬほど深い対立である。確信をもった信条倫理的なサンディカリストに向かって、君の行為の結果は反動のチャンスを増し、君の階級に対する圧迫を強め、階級の上昇を妨げるであろうと、どれほど噛んでふくめた説明をしてみても、彼には何の感銘も与えないであろう。サンディカリストは、純粋な信条から発した行為の結果が悪ければ、その責任は行為者にではなく、世間の方に、他人の愚かさや――こういう人間を創《つく》った神の意志の方にあると考える。責任倫理家はこれに反して、人間の平均的な欠陥のあれこれを計算に入れる。つまり彼には、フィヒテがいみじくも語ったように、人間の善性と完全性を前提してかかる権利はなく、自分の行為の結果が前もって予見できた以上、その責任を他人に転嫁することはできないと考える。これこれの結果はたしかに自分の行為の責任だと、責任倫理家なら言うであろう。信条倫理家は、純粋な信条の炎、たとえば社会秩序の不正に対する抗議の炎を絶やさないようにすることにだけ「責任」を感じる。信条の炎を絶えず新しく燃え上がらせること、これが彼の行為——起こりうる結果から判断すればまったく非合理な行為——の目的である。行為には信条の証し《エクセンプラーリッシュ》という価値しかなく、またそうであるべきなのである。

しかしこれでもまだ、問題は終わっていない。この世のどんな倫理といえども次のような事実、すなわち、「善い」目的を達成するには、まずたいていは、道徳的にいかがわしい手段、少なくとも危険な手段を用いなければならず、悪い副作用の可能性や蓋然性まで覚悟してかからなければならないという事実、を回避するわけにいかない。また、倫理的に善い目的は、どんな時に、どの程度まで、倫理的に危険な手段と副作用を「正当化」できるかも、そこでは証明できない。

政治にとって決定的な手段は暴力である。倫理的に見て、この手段と目的との間の緊張関係がどんなに重大な問題を孕《はら》んでいるかは、御存じのように、革命的社会主義者たち(チンマーワルド派[38])が戦争の最中に宣言した原則からもお分かりいただけると思う。その原則を簡潔に公式化すればこうである。――「もう数年戦争が続いて革命が起こるのと、いますぐ講和して革命が来ないのと、どちらを選ぶかとなれば、われわれはもう数年戦争の方を選ぶ」。そこで一歩問題を進めて、「ではその革命によって何が達成できるというのか」。この問いに対して、学問的修練をつんだ社会主義者なら次のように答えたであろう――「われわれの意味で本当に社会主義的といえるような経済への移行はまったく問題にならない。封建的要素や君主制の遺物だけは払拭できても、結局はブルジョア経済の復活に終わるであろう」。――だとすれば彼らは、これっぽちの結果を得るために「もう数年戦争を!」の方を選んだことになる。もっとも、そうなれば、どんなに堅固な社会主義的信念の持ち主でも、ここに至ってその目的――これほどまでの手段を必要とする――の拒否に踏み切るかも知れない、とは言えそうである。そしてボルシェヴィズムでもスパルタクス主義でも、およそどんな種類の革命的社会主義でも、この事情に変わりはない。彼らが旧制度の「権力政治家」を、自分と同じ手段を用いたからといって倫理的に非難するのは――その目的に対する彼らの拒否がどんなに正当なものであっても――もちろん滑稽きわまる話である。

この目的による手段の正当化の問題にいたって、信条倫理も結局は破綻を免れないように思われる。実際、この信条倫理には――倫理的につきつめれば――道徳的に危険な手段を用いる一切の行為を拒否するという道しか残されていない。論理上そうなのであって、もちろん現実の世界では、信条倫理家が突然、千年王国的預言者に早変わりするといった現象を、われわれは始終経験している。たとえば、今の今まで「暴力に対しても愛を」説いて来た人々が、次の瞬間には一転して暴力の行使――一切の暴力の絶滅状態をもたらすであろう最後の暴力の行使――を呼びかけるような場合がそれで、ドイツの将校が出撃のたびに兵士たちに向かって、さあこれが最後の攻撃だ、これで勝利が訪れ、ついで平和が来ると言ったのと似ている。

のキリスト教徒でも非常によく知っていた。これが見抜けないような人間は、それこそ政治のイロハもわきまえない未熟児である。

　宗教倫理は、われわれ人間が、それぞれ別の法則に従った・いろいろの生活秩序の中にはめこまれているという事実を、いろいろと理屈づけてきた。ギリシアの多神教(43)はアフロディテにもヘラにも、ディオニュソスにもアポロンにも、同じように供物を捧げたが、これらの神々同士がよく争っていたことは知っていた。――ヒンドゥ教の生活秩序では一つ一つの職業が法《ダルマ》(44)という特別な倫理的な掟の対象となり、もろもろの職業がカーストに従って永遠に遮断されるとともに、全体が厳格な上下関係――いったんそこへ生まれた者は、来世に生まれ変わる以外、逃れようがないような――の中にはめ込まれていたので、職業によって、最高の宗教的救済との距離にも当然格差が生じた。こうしてヒンドゥ教の生活秩序では、苦行者や婆羅門《バラモン》から、泥棒や娼婦にいたるまで、それぞれの職業に内在する固有法則に基づいてカーストごとの法《ダルマ》がつくられ、政治や戦争もその生活秩序の中に含まれていた。戦争が生活秩序全体の中に完全に組み込まれていたことを、われわれは『バガヴァッド・ギーター』[45]の中のクリシュナとアルジュナの対話から知ることができる。「必要な――すなわち、戦士カーストの法《ダルマ》と所属カーストの規則に基づいて義務づけられ、戦争目的から見て客観的《ザッハリッヒ》に必要な――『仕事』をなせ」。つまりヒンドゥ教では、そうすることが宗教的救済の妨げにならず、役立つと考えられていたのである。インドの戦士は戦死すればインドラ〔英雄神〕の極楽に行けると堅く信じていた。――ゲルマンの戦士がかのワルハラ〔死者の殿堂〕入りを信じていたように。しかしゲルマン人が天使の合唱隊のいるキリスト教の天国を軽蔑したように、インドの戦士も涅《ね》槃《はん》を軽蔑していたに違いない。倫理がこのように分化していたため、インドの倫理では、政治の固有法則にもっぱら従うどころか、これをとことんまで強調した――まったく仮借ない――統治技術の見方が可能となった。本当にラディカルな「マキァヴェリズム」――通俗的な意味での――はインドの文献の中では、カウティルヤの『実利論《アルタシャーストラ》』[46](これはキリストよりはるか以前のチャンドラグプタ時代の作といわれる)に典型的に現われている。これに比べればマキャヴェリの『君主論』などたわいのないものである。さきのフェルスター教授が日ごろから親しんでいるカトリックの倫理では、周知のように「福音的勧告《コンシリア・エヴァンゲリカ》」(47)が聖なる生命の恩寵《カリスマ》をうけた人間たちのための特別な倫理となっている。カトリックの倫理では、一滴の血も流さずまたどんな営利も許されない修道士と並んで、篤信の騎士と市民がいて、騎士には血を流すことが、市民には営利を求めることが、許されていた。倫理にランクを設け、救済の教義の有機的体系の中に組み入れるという点では、インドほど徹底していないが、これはキリスト教信仰の前提からも避けられないことであり、また当然のことであった。原罪によるこの世の堕落という前提に立てば、暴力行使を――罪と、魂を危殆に陥れる異端者に対する匡正《きょうせい》手段として――倫理の中に位置づけることは比較的容易であった。――しかし、純粋に信条倫理的で無差別的な山上の垂訓の要請と、その上に立った絶対的要請としての自然法とは、革命的な力をいつまでも持ち続け、社会的動揺の時代になるとほとんど例外なく、不可抗的な勢いで姿を現わして来た。とくにそれは徹底的平和主義の諸教派《ゼクテ》を生み出し、その中の一つはペンシルヴァニアで対外的暴力をもたぬ国づくりの実験をおこなった。――がこの実験は独立戦争が起こった時、この戦争の理想をみずからも主張したクエーカーが、この理想のために武器をとって立つことができなかった、という意味では悲劇的な経過をたどった。——これに反して普通のプロテスタンティズムは、国家を従って暴力という手段を、とりわけ正統的な権威国家を、神の創り給うた制度として無条件的に正当化した。ルッターは、個人を戦争に対する倫理的責任から解放してその責任を国家に負わせ、信仰以外の問題で国家に服従することは決して罪にならぬと説いた。カルヴィニズムになると再び信仰擁護の手段としての暴力、従って宗教戦争が原理的に認められてきたが、この宗教戦争は、回教《イスラーム》では最初から本質的な要素であった。——このように政治倫理の問題を提起したのは、何もルネッサンスの英雄崇拝から生まれた近代の無神論が最初ではない。その結果はまちまちであったが、すべての宗教がこの問題と格闘してきたし、それはこれまで述べてきたところからも当然のことであった。人間団体に、正当な暴力行使という特殊な手段が握られているという事実、これが政治に関するすべての倫理問題をまさに特殊なものたらしめた条件なのである。

人は誰でも、目的が何であれ、一度《ひとたび》この手段と結託するや——政治家はすべてそうしている――この手段特有の結果に引き渡されてしまう。信仰の闘士――宗教上の闘士や革命の闘士――の場合にはとくにそうである。論より証拠、ここで現代に例をとって説明してみよう。暴力によってこの地上に絶対的正義を打ち立てようとする者は、部下という人間「装置」を必要とする。そのためにはこの人間装置に、必要な内的・外的なプレミアム――あの世またはこの世での報奨《ローン》――を約束しなければならない。そうでないと装置が機能しない。内的なプレミアムとは、現代の階級闘争という条件下では、憎悪と復讐欲、とりわけ怨恨と似而非《えせ》倫理的な独善欲の満足、つまり敵を誹謗し異端者扱いしたいという彼らの欲求を満足させることである。一方、外的なプレミアムとは冒険・勝利・戦利品・権力・俸禄である。指導者が成功するかどうかは、ひとえにこの彼の装置が機能するかどうかにかかっている。従って指導者自身の動機ではなく、この装置の動機に、いいかえれば赤衛軍・スパイ・アジテーターなど、その指導者が必要とする部下に、上に述べたようなプレミアムを永続的に賦与することができるかどうかにかかっている。指導者がこのような活動の条件下で実際に何を達成できるかは、彼の一存でいかず、その部下の倫理的にまったく卑俗な行為動機によって最初から決まってしまっている。たしかに部下の動機は、指導者の人柄と仕事に対する誠実な信頼が、少なくとも仲間の一部を——大部分を、ということもこの地上ではまずありえない——鼓舞するかぎりにおいて、辛うじてセーブできるに過ぎない。しかもこの信頼は、それが主観的に誠実であっても、たいていは復讐・権力・戦利品・俸禄などに対する欲望の倫理的な「正当化」に過ぎない。——この点で丸めこまれるようなことがあってはならない。というのは、〔さきの山上の垂訓と同じく〕唯物論的な歴史解釈もまた、意のままにとび乗れる辻馬車ではなく、革命の担い手の前で〔都合よく〕停まってはくれないからである。——いやそればかりではない。とりわけ重要なのは、激情的な革命の後には旧態依然たる日常生活が現われて、信仰の英雄、ことに信仰そのものがそこで姿を消してしまうか、——あるいは信仰が、もっと致命的なことに——政治的な俗物や政治的な技術屋どものきまり文句の一部になってしまうということである。こうした発展が信仰の闘争の場合とくに急テンポで進むのは、この闘争を指導し、鼓舞しているのが、たいてい、革命の預言者という純粋の指導者だからである。すべての指導者装置の例に洩れず、この場合も、「規律」のために人間を空虚にし、非情化し、精神的にプロレタリア化することが、革命成功の条件の一つとなるからである。こうして、信仰の闘争に参加した追随者はひとたび勝利を収めるや、いとも簡単に平凡きわまるサラリーマンに堕落してしまう。

　およそ政治をおこなおうとする者、とくに職業としておこなおうとする者は、この倫理的パラドックスと、このパラドックスの圧力の下で自分自身がどうなるだろうかという問題に対する責任を、片時も忘れてはならない。繰り返して言うが、彼はすべての暴力の中に身を潜めている悪魔の力と関係を結ぶのである。無差別《アコスミッシュ》の人間愛と慈悲の心に溢れた偉大な達人たちは、ナザレの生まれであれ〔キリスト〕、アッシジの生まれ〔聖フランチェスコ〕、インドの王城の出であれ〔仏陀〕、暴力という政治の手段を用いはしなかった。彼らの王国は「この世のものにあらず」ではあったが、それでいて彼らは昔も今もこの世に影響を与え続けている。〔トルストイの描く〕プラトン・カラタエフ[48]やドストエフスキーの描く聖者の姿は、今なお、この人類愛に生きた達人たちの最も見事な再現である。自分の魂の救済と他人の魂の救済を願う者は、これを政治という方法によって求めはしない。政治には、それとはまったく別の課題、つまり暴力によってのみ解決できるような課題がある。政治の守護神やデーモンは、愛の神、いや教会に表現されたキリスト教徒の神とも、いつ解決不可能な闘いとなって爆発するかも知れないような、そんな内的な緊張関係の中で生きているのである。教会支配の時代に生きた人々でも、このことを知っていた。フィレンツェに対しては、再三再四、秘蹟授与停止《インターディクト》(49)の措置がとられ——この措置は当時の人々とその魂の救済にとって、のちのカント派の倫理的判断に対する「冷厳な承認」(フィヒテの言葉)などよりも、はるかにのっぴきならぬ重圧を意味したが、それでも市民たちは教会国家への反抗に立ち上がった。この点にふれながら、マキァヴェリは——私の思い違いでなければ、『フィレンツェ史』のある見事な一節(第三巻)で——、自分の魂の救済よりも自分の都市の偉大さの方を重んじた市民たちを、一人のヒーローの口を藉《か》りて賞讃している。

　自分の都市や「祖国」は今日ではもはや万人にとって一義的な価値ではないかも知れない。しかし諸君がこれに代えて、「社会主義の将来」や「国際平和」を口にされる場合でも、いま申したと同じような問題が出てくる。なぜなら、暴力的手段を用い、責任倫理という道を通っておこなわれる政治行為、その行為によって追求されるすべてのものは、「魂の救済」を危うくするからである。しかしこの「魂の救済」が純粋な信条倫理によって信仰闘争の中で追求される場合、結果に対する責任が欠けているから、この目的そのものが数世代にわたって傷つけられ、信用を失うことになるかも知れない。なぜならこの場合、行為者はそこに働いている悪魔の力に気づいていないからである。悪魔の力は情け容赦のないものである。もし行為者にこれが見抜けないなら、その行為だけでなく、内面的には行為者自身の上にも、当人を無惨に滅ぼしてしまうような結果を招いてしまう。「悪魔は年をとっている」。「だから悪魔を理解するには、お前も早く年をとることだ」(ゲーテ『ファウスト』第二部)。といってここでは、歳月のこと、年齢のことが言われているのではない。人と議論する際、出生証明書の日付けが切り札のように使われるなど、誠に怪しからん話で、これまでも私は絶対に承服しなかったが、逆に今度は、ある男が二〇歳で私の方は五〇の坂を越したからといって、それだけで大手柄、ああ有難や、辱《かたじけな》やなどと、やにさがる気にはどうしてもなれない。問題は年齢ではない。が、修練によって生の現実を直視する目をもつこと、生の現実に耐え、これに内面的に打ち勝つ能力をもつこと、これだけは何としても欠かせない条件である。

たしかに、政治は頭脳でおこなわれるが、頭脳だけでおこなわれるものでは断じてない。その点では信条倫理家の言うところはまったく正しい。しかし信条倫理家として行為すべきか、それとも責任倫理家として行為すべきか、またどんな場合にどちらを選ぶべきかについては、誰に対しても指図がましいことは言えない。ただ次のことだけははっきり言える。もし今この興奮の時代に——諸君はこの興奮を「不毛」な興奮ではないと信じておられるようだが、いずれにしても興奮は真の情熱ではない、少なくとも真の情熱とは限らない——突然、信条倫理家が輩出して、「愚かで卑俗なのは世間であって私ではない。こうなった責任は私にではなく他人にある。私は彼らのために働き、彼らの愚かさ、卑俗さを根絶するであろう」という合い言葉をわがもの顔に振り回す場合、私ははっきり申し上げる。——まずもって私はこの信条倫理の背後にあるものの内容的な重みを問題にするね。そしてこれに対する私の印象はといえば、まず相手の十中八、九までは、自分の負っている責任を本当に感ぜずロマンチックな感動に酔いしれた法螺《ほら》吹《ふ》きというところだね、と。人間的に見て、私はこんなものにはあまり興味がないし、またおよそ感動しない。これに反して、結果に対するこの責任を痛切に感じ、責任倫理に従って行動する、成熟した人間――その老若は問わない――がある地点まで来て、「私としてはこうするよりほかない。私はここに踏み止まる」〔ルッターの言葉〕と言うなら、測り知れない感動をうける。これは人間的に純粋で魂をゆり動かす情景である。なぜなら精神的に死んでいないかぎり、われわれ誰しも、いつかはこういう状態に立ちいたることがありうるからである。そのかぎりにおいて信条倫理と責任倫理は絶対的な対立ではなく、むしろ両々相俟《あいま》って「政治への天職」をもちうる真の人間《エヒト》をつくり出すのである。

さて、ここにおいでの諸君、一〇年後にもう一度この点について話し合おうではないか。残念ながら私はあれやこれやいろんな理由から、どうも悪い予感がしてならないのだが、一〇年後には反動の時代がとっくに始まっていて、諸君のうちの多くの人が――正直に言って私もだが――期待していたことのまずほとんどは、まさか全部でもあるまいが、少なくとも外見上たいていのものは、実現されていないであろう。――これは大いにありうることで、私はそのことを知ってくじけはしないだろうが、もちろん心の重荷にはなる――そうなった時、私としては諸君の中で、今日自分を純粋な「信条倫理家」と感じ、今の革命という陶酔に加わっている人々が、内的な意味でどう「なっているか」、それが知りたいものである。その時もし、次のシェークスピアの『詩篇《ソネット》』一〇二が当てはまるような状態であったなら、どんなにか素晴らしいことなのだが。

そも二人が愛の成りしは、恰《あたか》も春のことなりしが、
其《その》ころ、われは、春を迎ふるには、常に物語の歌もてせり。
かの妙音鳥《フィロメル》てふ鳥は、夏の初めには歌ひ奏《かな》づれども、
漸く月日経て真夏となれば、其笛《そのふえ》の音《ね》を止《とど》むるを例とす。　〔坪内逍遥訳〕

しかし現状は違う。現在どのグループが表面上勝利を得ていようと、これからやってくるのは花咲き乱れる夏の初めではなく、さし当たっては凍《い》てついた暗く厳しい極北の夜である。実際、一物だに存在しないところでは、皇帝《カイザー》だけでなく、プロレタリアまでもその権利を失ってしまっている。やがてこの夜が次第に明けそめていく時、いまわが世の春を謳歌しているかに見える人々のうち、誰が生きながらえているだろうか。また、諸君の一人一人はその時どうなっているだろうか。憤懣やる方ない状態にあるか、それともすっかり俗物になり下がってただぼんやりと渡世を送っているか、それとも第三に、そう珍しくもないケースだが、――もともとその素質のある人や、（よくある悪い癖で）そういう真似をしようと夢中になっている連中のように、――神秘的な現世逃避に耽っているか。以上のどの場合についても、私はこう結論するであろう。この人たちは自分自身の行為に値しなかったのだ、あるがままのこの世にも、その日常の生活にも耐えられなかったのだ。つまりこの人たちは自分ではあると信じていた政治への天職を、客観的にも事実の上でも、深い内的な意味で持っていなかったのだ。むしろ彼らは、会う人ごとにありのままに素直に同胞愛を説き、ふだんは自分の日常の仕事に専念していればよかったのだ、と。

政治とは、情熱と判断力の二つを駆使しながら、堅い板に力をこめてじわじわっと穴をくり貫《ぬ》いていく作業である。もしこの世の中で不可能事を目指して粘り強くアタックしないようでは、およそ可能なことの達成も覚束ないというのは、まったく正しく、あらゆる歴史上の経験がこれを証明している。しかし、これをなしうる人は指導者でなければならない。いや指導者であるだけでなく、――はなはだ素朴な意味での――英雄でなければならない。そして指導者や英雄でない場合でも、人はどんな希望の挫折にもめげない堅い意志でいますぐ武装する必要がある。そうでないと、いま、可能なことの貫徹もできないであろう。自分が世間に対して捧げようとするものに比べて、現実の世の中が――自分の立場からみて――どんなに愚かであり卑俗であっても、断じて挫けない人間。どんな事態に直面しても「それにもかかわらず！《デンノッホ》」と言い切る自信のある人間。そういう人間だけが政治への「天職《ベルーフ》」を持つ。

訳　注

（1）**ブレスト-リトウスク**(Brest-Litowsk)　一九一八年三月、ソ連とドイツの間に、単独講和条約が締結されたところ。当時ソ連の外務人民委員であったトロツキー(Leon D. Trotzki, 一八七九―一九四〇)がソ連側代表としてこれに調印。

（2）**封邑**《レーエン》(Lehen)・**俸禄**《プフリュンデ》(Pfründe)　簡単にいって俸禄《プフリュンデ》とは、封建的ないし身分的家産制の下で現実のまたは擬制上の「勤務」に対して与えられる非相続的な給与形態を指す。これに対して封邑《レーエン》では、それを授ける者(主君)と受ける者(封臣)との間に高度に人格的な関係――授封契約に基づく相互誠実の盟約とそれに伴う独特の身分的(すなわち騎士的)な生活態度と名誉観念――のあることがまず前提され、この授封関係が存続するかぎり、封邑《レーエン》は私権として封臣に帰属した。

ヴェーバーは「俸禄」の主要形態として、(a)主君自身の手許からの賜物(Deputat――多くは現物)として給与される場合、(b)勤務地(Dienstland)が「勤務」に対して与えられる場合、(c)臣下が地代・手数料(Sportel)・租税などの収入のチャンスを専有する場合を挙げているが、この(b)(c)は実質的に封邑《レーエン》に似ていても、そこに人格的な授封契約が欠如していること、また、それらが官職に付帯して与えられたもので私権として所有されたものでないという二点で、封邑《レーエン》と原理的に異なった範疇と考えている。

なお、翻訳では「プフリュンデ」を前後の文脈から考えて「俸給」と訳した箇所もある。

(3) **アンシュタルト**(Anstalt)　ヴェーバーは次の二つの特徴をもった人間団体を「アンシュタルト」と呼んでいる。

(a)　目的意思によって結成される「目的結社」と違って、所属者の意思表示と無関係に、純粋に客観的な事実(生まれ、家柄、時には特定の領域内に住んでいるという事実、あるいは特定の領域内でおこなわれる特定の行動等)に基づいて、それへの参加ないし所属が義務づけられていること。

(b)　他方、そこでの人間関係と人々の行為は合理的に制定された法秩序によって律せられ、かつその法秩序の遵守が強制装置(機関)によって(実効的に)担保されていること。政治団体としての「国家」はこのアンシュタルトの典型である。

(4) **宮廷外顧問官**(Räte von Haus aus)　常時宮廷に出仕する顧問官でなく、宮廷外の自分の領地に住み、その都度とくに召集されて会議に参加する顧問官。

（5）**役得《シュポルテル》プフリュンデ**（Sportelpfründe）　注（2）を参照。

（6）**公務員制度改正**（Civil Service Reform）　合衆国では一八八三年のいわゆる「ペンドルトン法」以後数次の改革を経て、従来の猟官制（Spoils System）を改め、実績主義（Merit System）——公開競争試験による選抜方式——が採られるようになった。

（7）**シニョーリア制**（Signorien）　一二世紀ころから北部および中部イタリアで成立した都市コムーネ（都市自治共同体）は類型的にいって、コンソリ制の段階——ポデスタ制（後出）——カピターノ・デル・ポポロ制の段階を経て、一三世紀末ころから門閥独裁の時代、すなわちこのシニョーリア制の段階に到達し、やがてこれらの門閥が世襲的専制君主に転化することによってコムーネの時代は終わりを告げるが、このコムーネの門閥独裁の時代の支配者をシニョーレと呼んだ。彼らは名門の出ではあるが世襲君主ではなく、市民より成る自治的諸機関も形式的にはなお存続し、コムーネの外観だけは維持されていた。

　ヴェーバーはこのシニョーリア制を、任命制官吏による合理的行政の端緒と考えていたようである。

（8）**マクシミリアン帝**（Kaiser Max：Maximilian I）　一四五九—一五一九。神聖ローマ皇帝(在位一四九三―一五一九)。目前に迫ったトルコ人の侵入の危険に直面して、帝国の改造、ことに行政改革に着手。教会との関係においては、みずから教皇となって帝国と教会の一体化を実現すべく種々画策したが、ヤーコプ・フッガーらの財政援助が得られず失敗。

(9) **カール五世**(Karl V)　一五〇〇―一五五八。ハプスブルク家から出た神聖ローマ皇帝(在位一五一九―一五五六)。宗教改革を弾圧、のちルッター派のドイツ諸侯とアウグスブルクで和を結び、信仰の自由を公認。

(10)「**経営**《ベトリープ》」(Betrieb)とは「一定種類の継続的な目的行為をいい、経営団体とは行政(管理)スタッフを中心に継続的に目的行為をおこなう利益社会関係をいう」(ヴェーバー)。したがって近代国家の官庁・政党・大学・会社はいずれも「経営」ないし「経営団体」である。ただし「経営」の代わりに「運営」と訳した場合も多い。

(11) **プットカンマーの告示**(Der Puttkammersche Erlaß)　プロイセン内相プットカンマー(Robert von Puttkammer, 一八二八―一九〇〇)の一八八二年の「告示」を指す。

(12) **アルトホフ**(Friedrich Althoff)　一八三九―一九〇八。二五年もの長い間(一八八二―一九〇七)、プロイセン文部省大学学術局の参事官・局長として大学行政全般に強力な発言権をもって君臨した。いわゆる「アルトホフ体制」である。

(13) **婆羅門《バラモン》**　インドのカースト制度で最上位に立つ聖職者層。

(14) **李《り》鴻章《こうしょう》**　一八二三―一九〇一。中国清朝末期の政治家。日清戦争終結に関する下関条約を手がけた。

(15) **ミーマーンサー学派**（Mimamsa-Schule）　インドの正統六派哲学の一つ。ヴェーダンタ学派と並んで、正統バラモン思想を代表する学派で、『ヴェーダ』聖典を解釈しその儀式を説明するを任とす。開祖はジャイミニ（前二〇〇―一〇〇ころ）。

(16) **現代的慣用**（"usus modernus"）　純粋なローマ法典ではなく、これを学者の解釈や裁判所の運用によって現代化し実用化したもの。

(17) **ポデスタ**（Podestà）　一三世紀前半を全盛期としてイタリアの都市コムーネ（都市自治共同体）で勢力をふるった法律家的専門高級官僚。「守護職」と訳されることもある。ポデスタは当該都市と全然関係のない他の都市の出身者であることを必要とし、短期間だけその都市に招かれて最高裁判権をゆだねられるのを常とした。法の合理化、ローマ法の普及に貢献した。なお、注（7）を参照。

(18) **公会議首位主義**（Konziliarismus）　カトリック司教の宗教会議（公会議）の決定がローマ教会内の最高意思として教皇をも拘束するという理論。

(19) **クレオン**(Kleon) 前四二二死亡。アテネの最も著名なデマゴーグ。ペリクレスのあと、民衆指導者として活躍。

(20) **ペリクレス**(Perikles) 前四九五―四二九。古代アテネ最大の政治家。民主的改革をおこない、文芸・美術を奨めて古典古代文化の黄金時代をつくり出した。

(21) **ノースクリフ「卿」**(Alfred C. W. Northcliffe) 一八六五―一九二二。イギリスの新聞王。保守党の機関紙『デーリー・メール』を創刊、のちに『ザ・タイムズ』を買収。有名なドイツ嫌い。貴族(子爵)に列せらる。

(22) **教皇党《グエルフ》と皇帝党《ギベリン》** もともと司教叙任権と教皇の教権拡張政策をめぐってドイツ帝国内に起こった教皇派と皇帝派の対立が、ドイツ皇帝のイタリア政策によって一三世紀ころからイタリアに持ち込まれ、教皇党と皇帝党になったが、次第に本来の意味を変えて、イタリア諸都市内部の勢力争い(とくに商人貴族対封建貴族)の色彩を濃くしていった。

(23) **テイラー・システム** 一人のなしうる標準作業量を科学的に測定し、これを達成するために、たとえば特殊な出来高賃金その他を導入した科学的な労働管理制度。アメリカの技師テイラー(Frederick W. Taylor, 一八五六―一九一五)の創案。

(24) **タマニー・ホール**(Tammany Hall) ニューヨークのタマニー会館に本部を置いた民

主党のクラブ。しばしばニューヨーク市政における腐敗・醜聞の意にも用いられ、「タマニー主義」(Tammanyism)の言葉を生む。

(25) **オストロゴォルスキー**(Moisej J. Ostrogorskij)　一八五四―一九一九。ロシアの政治学者。その主著『民主主義と政党の組織』(*La démocratie et l'organisation des partis politiques*, 2 vols., Paris 1903)は、政党に関する先駆的研究として有名。

(26) **「コーカス」システム**("Caucus"-System)　普通、政党幹部が党の選挙候補者の指名ないし政策決定のために開く「秘密幹部会」の意味に用いられるが、ヴェーバーの場合、この語が――名望家政党との対比において――政党の「官僚制化」とほぼ同義に用いられ、とくにそれと結びついた政党リーダーの人民投票的性格が強調されている。

(27) **チェンバレン**(Joseph Chamberlain)　一八三六―一九一四。イギリスの政治家。第二・三次グラッドストン内閣に参加、第三次内閣のとき、アイルランド自治問題でグラッドストンと衝突(一八八六年)、自由党を脱して自由統一党を結成。

なお、ここで彼と並んであげられた「コーカス」システムのもう一人の生みの親とは、非国教会派の牧師 Schnadhorst を指す。

(28) **グラッドストン**(William Ewart Gladstone)　一八〇九―一八九八。イギリスの代表的な自由主義政治家。一八六七年、自由党党首。一八六八年第一次グラッドストン内閣を組織して以来、四次にわたって内閣首班となる。

(29) **ディズレーリ**(Benjamin Disraeli) 一八〇四―一八八一。グラッドストンとともにイギリスを代表するヴィクトリア朝時代の議会政治家。一八六八年と一八七四年の二度にわたって保守党内閣を組織。一八八〇年、総選挙で自由党に敗れて辞職。

(30) **アイルランド自治問題**(Irish Home Rule) 第一次大戦後にまで及んだ、アイルランドのイギリス本土からの自治獲得をめぐる諸問題。ここで言われているのは、一八八六年グラッドストン内閣によって上程された自治法案(その骨子は、(1)イギリス本国議会からアイルランド出身議員を引き揚げる。(2)アイルランドに関税その他の徴税権を認める。(3)アイルランドに裁判官および治安官の任命権を認める)をめぐる紛争をさす。当時地方自治省長官であったチェンバレンはこの問題でグラッドストンと衝突して脱党。

(31) **コブデン**(Richard Cobden) 一八〇四―一八六五。イギリスの政治家。「マンチェスター派」の代表者の一人で、その自由放任・自由貿易主義は、しばしば「コブデン主義」の名で呼ばれる。

(32) **ジャクソン**(Andrew Jackson) 一七六七―一八四五。アメリカの第七代大統領(一八二九―一八三七）。西部の農民、東部の労働者の利益を代表して、大衆民主主義（いわゆる「ジャクソニアン・デモクラシー」）を実現。

（33）**カルフーン**（John Caldwell Calhoun）　一七八二―一八五〇。合衆国民主党の領袖でアダムズ（第六代）およびジャクソン（第七代）の下で副大統領となり、州主権主義および奴隷制擁護論者としても有名。

（34）**ウェブスター**（Daniel Webster）　一七八二―一八五二。ハリソン（第九代）、タイラー（第一〇代）、フィルモア（第一三代）の三大統領の下で国務長官を務め、連邦の優位と奴隷制撤廃を主張して上記カルフーンらと論争。雄弁をもって知られる。

（35）**ベーベル**（August Bebel）　一八四〇―一九一三。ドイツ社会民主党および第二インターの創設者。党の大先輩として終始指導的地位にあった。著書に『婦人論』。

（36）**ジンメル**（Georg Simmel）　一八五八―一九一八。ドイツの哲学者・社会学者。生の哲学の重要な代表者の一人。文化哲学・「形式社会学」に貢献。

（37）**スパルタクス団**（Spartakus-Bund）　ドイツ共産党の前身。K・リープクネヒト、R・ルクセンブルクらによって第一次大戦中結成されたドイツ社会民主党最左翼の非合法グループ。一九一八年一一月の革命（ドイツ革命）で重要な役割を演じたが、一九一九年一月五日から一四日にいたる武装蜂起(「スパルタクス週間」)は多数派社会民主党政府の軍隊に弾圧された。

(38) **チンマーワルド派の社会主義者**　チンマーワルド(Zimmerwald)はスイスの避暑地。一九一五年九月、ここで一一カ国、三八名の社会主義者が相会し、戦争反対の国際的な意思表示をおこなった。ただしその構成は雑多で、多数派が第二インターの復活と「革命より平和を」主張したのに対し、レーニンらの左派は第三インターの創設と戦争の革命への転化を主張して対立し、これがのちに第二ないし第二半インターとコミンテルン(第三インター)の二つの方向に分裂していったことは周知の通り。

(39) **フェルスター**(Friedrich W. Förster)　一八六九―一九六六。ドイツの教育学者。ミュンヘン大学教授(一九一四―二〇)。第一次大戦中からすでにスイスで倫理的平和主義運動を実践。ドイツ革命が勃発するや、バイエルン共和国政府(首相K・アイスナー)のスイス駐在臨時公使に任命され、停戦・講和条件緩和のための単独交渉を連合国との間に進めて、物議をかもした。ナチ時代アメリカに亡命。

(40) **ウパニシャッド**(Upanischad)　古代インドの哲学的文献の集成で、ヒンドゥ教の聖典『ヴェーダ』の一部を構成。

(41)**ペルシアの二元論**　マニ教(三世紀、ペルシア人マニを宗祖とし、キリスト教・仏教・ゾロアスター教等の教義を混和してできた宗教)は「明暗教」ともいわれ、光明(善・神・精神)と暗黒(悪・悪魔・肉体)の二元論を説いている。

(42)**隠れたる神**(Deus absconditus)　ルッター神学の用語。神は愛を啓示するときもこれを怒りの仮面のもとであらわすという意。この考え方はのちに、人の救済は神の意志によってあらかじめ決定されているというカルヴァンの「予定説」(Prädestination)につながっていく。

(43)**ギリシアの多神教**　アフロディテは美と恋の女神。ヘラは結婚・出産の女神。ディオニュソスは豊饒と酒の神。アポロンはたくましい青年の神で、音楽・詩歌・予言・医術などを司る。

(44)**法**《ダルマ》　もともと存在と事実を「支えるもの」という意味で、宇宙原理をはじめとして社会倫理、生活規則のすべてを含む概念。

(45)**『バガヴァッド・ギーター』**　『マハー・バーラタ』(「バーラタ族の大戦」)と題する大叙事詩の一部で、ヒンドゥ教徒の中心的経典として崇められている宗教詩(『至福者の歌』)。同族との戦いを前にして、王子アルジュナの馬車の駆者クリシュナ(実は最高神の化身)が、同族相はむ人間性との矛盾相剋に悩む王子を励まして、利害を離れた行為だけが価値ある行為——最高神に近づく道——であることを教える物語。

(46)『**実利論**《アルタシャーストラ》』 著者カウティルヤ(前四—三世紀)はチャンドラグプタ大王(インドのマウリヤ王朝の創始者)の宰相。「アルタ」は経済的・政治的・社会的な「実体」の全体を指す概念であるが、この本の内容は戦士階級、とくに大王の資格・能力に関する記述が大部分で、「政治論」「戦争論」といってよいものである。

(47)「**福音的勧告**《コンシリア・エヴァンゲリカ》」(“consilia evangelica”) カトリックの教会で、福音書がすすめた倫理的規範をいう。修道院の誓約にあらわれる、清貧・貞潔・従順の三つの徳目はその代表的なもの。これらの規範を厳守することは救済のため必ずしも不可欠ではないが、これを天職とするほどの者には自発的な遵守が要求された。

(48)**プラトン・カラタエフ** トルストイの『戦争と平和』に登場するロシア農民の典型で、徹底的な無抵抗主義者。

(49)**秘蹟授与停止**《インターディクト》(Interdikt) 教会刑罰のうちの懲戒罰の一種で、教会所属信者が教会の一員たる資格を失うことなく、入堂禁止を含む一定の聖務への参与や秘蹟(洗礼・堅信・悔悛・婚姻など)の授与を停止されることをいう。

訳者あとがき

ここに訳出したマックス・ヴェーバー Max Weber(1864—1920)の『職業としての政治』(*Politik als Beruf*)は『職業としての学問』(尾高邦雄訳、岩波文庫)と同じく、彼が一九一九年一月、ミュンヘンのある学生団体(自由学生同盟)のためにおこなった公開講演を纏《まと》めたものである。講演のおこなわれた正確な日時は定かでないが、おそらくは一月二十八日の夕。会場はシュヴァービング地区のシュタイニッケ書店(Buchhandlung Steinicke)の中にあった「暗くて細長い」小ホール(収容人員は約一五〇名)。

一九一九年一月といえば、第一次大戦における敗戦の結果、ドイツ全土が騒然たる革命の雰囲気に包まれていた時期である。熱烈なナショナリストでもあったヴェーバーにとって祖国の敗北はたしかに大きなショックであったが、それ以上に彼を悲しませ、やり切れない思いに駆り立てたのは、この戦争の結果(敗戦の事実)をあたかも「神の審判」のように受けとり、自虐的な「負目《おいめ》の感情」の中で、ひたすらに「至福千年」の理想を夢み、「革命という名誉ある名に値しない血なまぐさい謝肉祭《カーニヴァル》」にわれを忘れて陶酔し切っているかにみえる一部の前衛的な学生や知識人の、善意ではあるが独りよがりな「ロマンティシズム」であった。しかも、彼の親しい先輩・友人・知人・教え子たちが最も多く参加し、どこよりも「知識人革命」の色彩の濃厚だったのが、ここミュンヘンのレーテ運動なのである(このあたりのことについては、かつて簡単にふれたことがある。拙著『知識人と政治』岩波新書)。この講演が、「抽象的な思想原論」や、ただの知識として語られる類の「政治原論」でありえなかったことは、いうまでもない。

さてヴェーバーによれば、政治の本質的属性は権力であり、政治とは「国家相互の間であれ、国家内部においてであれ、権力の分け前にあずかり、権力の配分関係に影響を及ぼそうとする努力である」。政治をおこなう者は、権力それ自体のためであれ、他の目的のための手段としてであれ、権力を追求せざるをえない。政治はどこまでも政治であって「倫理」ではない。その意味で政治一般に対するセンチメンタルで無差別的な道徳的批判は、百害あって一利もない。しかし一切の「政治が権力――その背後には暴力が控えている——というきわめて特殊な手段を用いて運営されるという事実」は、政治の実践者に対して特別な倫理的要求を課するはずである。主観的にどれほど「高貴な意図」から出たにせよ、それだけでは、おのれの権力行使を倫理的に免責できぬはずである。たしかに行動が虚無におちいらないための内的な支えとして、信念（理想）をもつことは必要である。しかし政治の手段が暴力であり、権力が一切の政治行為の原動力である以上、「信念」だけではすまされない。キリスト教的絶対倫理（福音の倫理）と相容れない政治の世界に身を投じた者が「魂の救い」まで期待することは許されない。目的と手段の緊張関係は、ここでは他のどんな生活領域におけるよりも厳しい。善からは善のみが生ずるといまだに信じている者がいるとすれば、それこそ「政治のイロハもわきまえない未熟児」である。指導者のよき動機もしばしばその仲間の、あるいは部下（「人間装置」）の余りに人間的な動機によって裏切られるというのが、政治の現実である。政治にタッチする人間は、「暴力の中に身を潜めている悪魔の力と手を結ぶ」ものである。しかもこの悪魔は恐ろしくしつこく老獪《ろうかい》である。「もし行為者にこれが見抜けないなら、その行為だけでなく、内面的には行為者自身の上にも、当人を無惨に滅ぼしてしまうような結果を招いてしまう」。可測・不可測の一切の結果に対する責任を一身に引き受け、道徳的に挫《くじ》けない人間、政治の倫理がしょせん悪をなす倫理であることを痛切に感じながら、「それにもかかわらず《デンノッホ》！」と言い切る自信のある人間だけが、政治への「天職《ベルーフ》」を持つ――こうヴェーバーは結んでいる。

このような、とくにこの講演の後半部でヴェーバーが突きつけた「政治と倫理」に関する問題提起は、当時のドイツの学生と知的大衆にとって、相当以上に手きびしく挑発的なものであったと想像されるが、今の日本の読者ならこれにどう答えられるだろうか。二〇世紀政治学の古典として、しばしばマキァヴェリの『君主論』に比べられるこの本を、私はこれから政治学を学ぼうとされる若い方々だけでなく、現に政治を本業とされている「政治家」の方々にも、できれば『君主論』と並べて読んでいただければ、と願っている。

この翻訳は永井陽之助編『政治的人間』(平凡社、一九六八年)所収の旧稿に今回、若干の訂正を加えたもので、改訳のさいの底本には Max Weber: Gesammelte Politische Schriften, Dritte erneut vermehrte Auflage (hrsg. von Johannes Winckelmann),

Tübingen 1971 を用いた。

今年はちょうどヴェーバーの歿後六〇年に当たるが、こういう記念すべき年の初めに、十数年まえの拙い訳業が久しぶりに陽の目《ひめ》をみることになったのも、何かの因縁かも知れない。

本訳書の岩波文庫への収録をお認めくださった株式会社平凡社に対して、最後に厚く御礼を申し上げたい。

一九八〇年一月

訳　者

解説「それにもかかわらず」の精神

一　背　景

本書のもとになったマックス・ヴェーバーの学生団体向けの講演は、一九一九年一月末にミュンヘンのある書店のホールで行われた。前年の秋、ドイツは相次ぐストライキに見舞われ、皇帝はオランダに亡命し、共和国が宣言された。こうした体制崩壊状態の中、いわゆるドイツ革命の動きが各地に広がり、反革命派との抗争は激化した。一九一九年一月、スパルタクス団(ドイツ共産党の前身)のベルリンでの蜂起は失敗し、K・リープクネヒトとR・ルクセンブルクは殺害された。その後も四月にはミュンヘンを中心に革命政府が樹立されたように、ヴェーバーの言うところの「「革命」という誇らしげな名前で飾り立てられたこの乱痴気騒ぎ」は容易には終息しなかった。

こうした状況を知りつつ、職業としての政治をどう語るのか。ヴェーバーは冒頭、アクチュアルな時事問題については「生活全体の営みの中で政治行為がもっている意味について」述べる際に、「形式的に申し述べる」だけであろうと断り、また、「どういう政治をなすべきか」については一切話題にしないという。それというのも、それらの問題は「職業としての政治とは何であり、またそれがどういう意味をもちうるのか」という一般的な問題とは何の関係もないからである、と。この冒頭の発言は聴衆の——そして、読者の——素朴な期待感に冷水を浴びせる効果を持ったことは疑う余地がない。講演の内容が聴衆の期待を大なり小なり裏切るのが世の常であるとしても、本書は少なくとも相当戦略的に組み立てられた作品であるということを念頭に読み解かれる必要がある。

その際に念頭に置かなければならないのは、ヴェーバーがこれまで蓄積してきた膨大な学問的知見をどう活用するのかという点である。当然のことながら、この活用によって議論の内容において主導権を手にすることができるのみならず、その説得性を補強する強力な武器を手中にすることができる。こうした知見は職業としての政治というテーマに直接的な回答を与えてくれるわけではないにしても、当時においてこのテーマを問うことの歴史的個性と文脈を浮き彫りにすることによって、この拡散しがちなテーマに対して歯止めをかける重要な役割を果たしている。

併せて念頭に置くべきなのは、この時期のヴェーバーがビスマルク体制の批判とドイツの新しい政治体制の樹立のためにそれこそ獅子奮迅の活動をしていたことである。その中から『新秩序ドイツの議会と政府』(一九一八年)といった力作も生まれた。そこにはビスマルクの遺産である「議会の無力」の伝統に抗して、「外国の回し者」「非ドイツ的」と言った批判を浴びながら国民代表機関としての議会を擁護し続けるヴェーバーの姿が浮かび上がってくる。そして情緒的な急進主義や「青臭いサンディカリズム」、「街頭の民主主義」が蔓延るのは国民の信頼を得た代表機関が存在せず、合理的に組織された政党が存在しないことの帰結であるというのが、彼の見立てである。しかし、「議会の無力」は新たに制定される憲法の下で初めて克服されるべき課題であり、当面、議会主義はドイツでは歴史と実績に基づく議論にはなり得ない。さながら、保守の議会無力論と左派の街頭急進主義の挟撃をうけつつ、ヴェーバーは議会主義と政党支配に活路をあらかじめ見出そうとしている。こうした観点がどのように入り込んでいるか、見逃したくないポイントである。

かつて二〇世紀は「戦争と革命の世紀」と呼ばれたものだが、本書は正に戦争と革命の圧力の吹き溜まりのような状況の中で誕生した。「すべての国家は暴力の上に基礎づけられている」というトロツキーの言葉に対して、ヴェーバーは「この言葉は実際正しい」と応じているが、その政治の質の特異性を改めて振り返り、その歴史性を確認することも必要である。

二　内　容

政治とは何か。それは権力の分け前に与り、国家の指導、またはその指導に影響を与えようとする行為である。更に国家とは、「ある一定の領域の内部で正当な物理的暴力行使の独占を(実効的に)要求する人間共同体である」という。そこで先に言及したトロツキーの言葉が引用され、「実際今日、この暴力に対する国家の関係は特別に緊密なのである」と付言される。これは現在が革命的な状態にあること、そこでは物理的な力が決定的役割を果たしていることの確認である。それと共に、政治と暴力との切っても切れない関係——本書の末尾においてクローズアップされる政治をめぐる倫理問題——が、冒頭で明確に設定されている。

この正当な暴力によって支えられた人間の人間に対する支配関係の存続のためには、その支配が正当なものとみなされる必要がある。ここでヴェーバーの持論である「伝統的支配」「カリスマ的支配」「合法的支配」の三つの理念型が登場する。聴衆の関心が専ら「カリスマ的支配」にあることを踏まえた上で、ある個人に備わった非日常的な天与の資質(カリスマ)に対する服従者の人格的な帰依と信頼に基づく支配が「カリスマ的支配」であるとし、このタイプの指導者こそは言わば指導者たる「天職を与えられている」のである。そして「西洋でのみ根を下ろした立憲国家という土壌の上で育った独特の指導者タイプ」として政党指導者が言及されている。政党指導者を「カリスマ的支配」という枠組みで理解しようとするヴェーバーの企てはここに明らかである。

次にヴェーバーは、政治が権力闘争であり続ける以上、現実に支配を貫徹するために必要な指導者や支配者の手足となって働く補助手段に目を向ける。現実に支配を貫徹するためには、支配者に対して服従する行政スタッフが必要であるが、彼らの服従は支配の正当性についての観念だけではなく、物質的報酬と社会的名誉という動機に支えられている。この報酬と名誉の内実は多様であり、例えば、デマゴーグの追従者は与えられる官職に伴う役得と虚栄心の満足に与ることができる。第二に、必要に応じて物理的暴力を行使しなければならないが、そのための物財が支配者によって掌握されていることが必要である。この点で重要なのは行政スタッフが行政手段(物財)を自ら所有するか、それとも行政手段から「切り離されている」かであるが、この分離こそ国家による身分制の収奪の結果に他ならず、これこそ近代国家の特徴であるというヴェーバーのかねてからの持論が述べられる。

職業政治家は身分制の収奪をもくろむ君主の先兵として登場するが、彼らの存在は安定的な収入が得られるかどうかにかかっている。従って、政党間の争いの焦点は官職任命権をめぐる闘争であり、その究極的な形がアメリカの猟官制であった。これに対して君主の周辺に専門教育を受けた官吏層が徐々に台頭し、技術的専門性を武器に実質的な支配層になっていった。経済経営においても事態は同様であり、今日の革命国家においても「機関銃をおさえたおかげで行政権まで手に入れたが、その彼らにしても、どうせ内心では、専門的に訓練された官僚たちを命令執行の頭脳として手足として利用しようというに過ぎない」のである。ヴェーバーのこうした視点はその社会主義論で展開されることになる。

政治を指導する職業政治家は権力獲得競争のための組織である政党の変容と共に誕生

する。ヴェーバーはオストロゴォルスキーの古典的研究に依拠しつつ、その過程を辿る。かつての政党はもっぱら選挙目当ての議員と地域の有力者からなる、政治がなお副業的な時代の産物であった(名望家政党)。これに対して近代の政党は、民主制や普選制度の定着を背景に、大衆の票の獲得のための組織の大衆化と組織内部の規律化、指導における最高度の統一の実現を目指す職業政治家中心の組織である(組織政党)。議員に代わって政党経営者(党官僚)が政党運営の中核を占め、党組織(マシーン)が議員たちをコントロールする仕組みに変わる。選挙での勝利を目指す党組織にとって重要なのは党指導者の大衆を惹きつけるデマゴーグとしての能力であり、政党は指導者と党官僚とのこの利害の一致を基盤にして指導者を頂点とする党内規律の厳格化を進める。その結果、議員は単なるイエスマンに変貌した。このようにして政党は人民投票型民主制の登場を促すことになった。

ヴェーバーはこの名望家政党からの変貌を英米両国に即して具体的に検討する。イギリスにおける「コーカス」システム登場以来の自由党の変貌、自由党を中央集権的政党に転換させる上で指導者グラッドストンの果たした決定的な役割がそこでの焦点である。党内の名望家層に対するグラッドストンの勝因は、彼の「偉大な」デマゴギーの魅力の他に、政策の倫理的内容、「とくに彼の人格の倫理的性格に対する大衆の確固たる信頼」に求められる。ヴェーバーはここにカエサル的・人民投票的要素の顕在化、選挙戦を介しての独裁者の誕生を見出している。この種の指導者は何よりも権力追求に対する強い意志を必要とするが、それに加え、雄弁の力を必要とする。誕生しつつあるのは「大衆の情緒性を利用した独裁制」に他ならない。

こうした教壇で展開するのにふさわしいような政党論を彼は何故に縷々《るる》展開したのであろうか。それは現代政治の潮流を整理し、何よりもドイツ政治の異質性を自覚させることにあったと考えられる。先ず、制度的に「議会の無力」のために、議会には指導者選抜機能がなく、指導者の資質を持つ人間は議員にならなかった。第二に、専門的に訓練された官僚層が大きな権力を持ち、政治家が占めるべき閣僚の地位まで浸食した(官僚政治)。こうした中で非党派性と専門性に依拠する官僚と、権力闘争とそれに対する責任感を体現する政治家との機能分担が進まず、政治指導者不在を助長した。「官吏として倫理的にきわめて優れた人間は、政治家に向かない人間、とくに政治的な意味で無責任な人間であり、この政治的無責任という意味では、道徳的に劣った政治家である」というのが、ヴェーバーの持論であった。第三に、中央党や社会民主党のような世界観政党が議会主義の定着を妨害する要因となった。その結果、ドイツの職業政治家はどうなったか。「彼らは権力もなく責任も持たず、名望家としてかなりどうでもよい役割しか果たすことができず」、結局のところ名望家ギルドに行きつくことになる。敗戦後、ドイツでは革命の後押しを受けてアマチュア型の政党誕生の試みが見られたが、ヴェーバーの目には、「にわかに膨れ上がってたちまち消えた泡沫現象」と映った。新たに採用された比例選挙法は指導者の選抜よりはこうしたギルド型政治家の存続と親和性を持つものとみられている。

このような議論の整理を前提に、ヴェーバーはいよいよ聴衆に選択を迫る。「ぎりぎりのところ道は二つしかない。「マシーン」を伴う指導者民主制を選ぶか、それとも指導者なき民主制、つまり天職を欠き、指導者の本質をなす内的・カリスマ的資質を持たぬ「職業政治家」の支配を選ぶかである。」その際、前者のような政治指導は、「追随者から「魂を奪い」、彼らの精神的プロレタリア化――とでもいえそうな事態――を現実にもたらす」ことに、改めて注意を喚起する。ドイツについて見通しを述べるならば、名望家ギルド型の「指導者なき民主制」が存続する可能性が高い。比例選挙法はその補強装置である。唯一、指導者の選抜に資する手がかりがあるとすれば、「議会によってではなく人民投票によって選ばれた」大統領の存在であるという。ここにこそ、「指導者に対する期待を満たす唯一の安全弁」が辛うじて担保され、それに合わせて政党組織の整備・改革が期待される。しかし、こうした現状変革の可能性については「皆目見当がつかない」のが現状である。

政治「によって」生きようとする場合の外的環境についての検討に区切りをつけたヴェーバーは、政治家の内面的・精神的生活やその条件の検討へと向かう。先ず、政治家に求められる三つの資質として情熱、責任感、判断力があげられる。情熱とは事柄・課題への責任感と結びついた情熱的献身のことであり、革命の乱痴気騒ぎなどに散見される単なる情熱とは峻別されるべきものである。そして責任ある行為をするためには、冷静さを失わずに「事物と人間に対して距離を置いて見る」能力、すなわち、判断力が必要である。かくして事柄への燃えるような情熱と冷静な判断力という一見相矛盾するかのような二つの要素を一つの魂の中で結びつけるのが、政治家の条件である。この責任感と判断力こそ、政治的ディレッタンティズムに無縁なものである。

政治家が権力を求めるのはその任務の性格上避けられない。そして権力に与っているという意識は権力感情とでもいうべき非日常的な高揚感を与えてくれる。しかし、権力の追求が目的・事柄に仕えるのではなく、「本筋から外れて、純個人的な自己陶酔の対象となる時、この職業の神聖な精神に対する冒瀆が始まる」という。権力を自己満足のために利用するのは虚栄心に身を任せることであり、自己との距離感の喪失現象に他ならない。ここから更に権力のために権力を求め、権力を笠に着た大言壮語や権力に溺れたナルシシズム、こうした純粋の権力崇拝などが派生してくるが、これこそ、政治を堕落させ、歪めるものに他ならない。派手なジェスチュアの背後には空虚さしかなく、その尊大さの陰には精神的弱さが潜んでいる。ここにはヴィルヘルム二世などに代表される権力の誇示や権力政治崇拝論に対するヴェーバーの厳しい批判が見られる。

権力政治は倫理抜きで政治を語ることにつながり易いが、倫理の視点から専ら政治を語ることにもまた限界がある。現代の革命家たちは自らの高貴な意図を振りかざして全てを正当化しようとするが、問題は目的でなくて手段であり、所詮、闘争は闘争でしかないのではないか。ヴェーバーはその手始めとして山上の垂訓に代表される絶対倫理の世界と政治の世界とを対比し、行為の「結果」を問題にしないのが前者の立場であるという。更に議論を煮詰めるために動員されたのが、倫理的行為を方向付ける二つの準則、すなわち、信条倫理と責任倫理である。前者は正しい行為を行い、結果は神に委ねるという立場であるのに対して、後者は自らの行為の予見できる範囲での結果に責任を負うという立場である。信条倫理は純粋な信条から発した行為が結果につながらない場合、その責任は行為者自身に帰せられるのではなく、世間や他人の愚かさに帰せられる。これに対して、責任倫理の方は人間の平均的な欠陥を予め考慮に入れている。信条倫理の簡略版である「善からは善のみが生まれ悪からは悪のみが生まれる」という命題についてヴェーバーは、その逆が真実であるという認識こそあらゆる大宗教の前提であったこと、この世の倫理的非合理性こそが神義論の中心テーマであったこと、こうしたことが理解できないようでは、「政治のイロハもわきまえない未熟児」であると断罪している。

逆に言えば、政治の世界は倫理的非合理性を前提にした世界であり、権力や暴力を手段として駆使し、それによって悪魔と契約を結ぶことにならざるを得なくなる。暴力を用いて地上に絶対的正義を実現しようと試みても、部下という人間「装置」を機能させるためにこの「装置」の卑俗な精神的・物質的欲望の充足にエネルギーをとられつつ、「規律」のために精神的プロレタリア化を推進することになるが、成功の暁には革命の理念は卑俗な日常の中に姿を消してしまうのがオチだという。職業としての政治家たらんとする者は、こうした倫理的パラドックスの圧力に耐えうるような人間でなければならない。政治的行為が「魂の救済」を危うくするとされるのはそのためであるが、信条倫理家にはこの自覚を期待することすらできない。革命的興奮状態の中でにわかに登場する信条倫理型指導者の未来に対してヴェーバーの視線は厳しい。彼らはこの世の倫理的非合理性に耐えられず、突然、千年王国的預言者に変貌して「一切の暴力の絶滅状態をもたらすであろう最後の暴力の行使」を呼びかけることによって、信条倫理の自己破綻を宣言することになるかもしれない。あるいは、十中八九、「自分の負っている責任を本当に感ぜずロマンチックな感動に酔いしれた法螺吹き」でしかない、と。古来、自分の魂の救済と他人の魂の救済を願う者が、「これを政治という方法によって求めはしない」のは、それなりの理由があるのである。そして「政治への天職」に与ることが可能なのは、責任倫理と信条への献身を併せ持つ人間である。

最後に、ヴェーバーは次の有名な言葉で最後のパラグラフを始める。「政治とは、情熱と判断力の二つを駆使しながら、堅い板に力をこめてじわっじわっと穴をくり貫いていく作業である」。これは先に政治家に求められた三つの要素を敷衍したものである。ここではこの世の倫理的非合理性に挫けない堅い意志で武装することが政治を天職とするための要件として力説されている。そして、この非合理性を超越することなく、無視することなく、その中で可能なことを達成する活動として政治が位置づけられていることに着目したい。「それにもかかわらず」という語には、政治に対する彼の強い思いが込められている。

三　いくつかのコメント

本書は小冊子ながらさまざまな論点が交錯し、決して読み易い作品とは言えない。しかも冒頭で断っているように、「どういう政治をなすべきか」という問題が予め除かれているように、戦略的に組み立てられている。では彼は何に焦点を当てて政治家のあり方を論じたのか。

第一に、どのような政治をするにしろ、政治家は人間的現実に直面することは避けられないというのが、ここでの主張の眼目である。具体的には、政治の世界と政治家のエートスの問題である。政治は権力と切っても切れない関係にあることは冒頭で述べられていたが、政治と倫理、政治と宗教との交錯が論じられるに及んでヴェーバーの考察はピークを迎える。政治家に求められる諸資質を体現した政治家が立ち向かうべき世界はどのような世界か。それは倫理的非合理性と不条理に満ちた世界であり、人間の完全性とはかけ離れた世界であり、政治家は権力を用いてそこで何事かを実現しようとするが、「表面上どんなに輝かしい政治的成功も、被造物特有のむなしさという呪われた運命を――威しではなく、本当のところ――免れないことになる」というような世界である。政治家はこの空しさと悲劇性に耐えうる内面的強さを備えていなければならない。

本書には繰り返し権力行使のための補助手段（従者）の不可欠性とその「人間的な、あまりに人間的な」欲望の充足の問題が出てくるが、これは権力の持つ人間的な限界を示唆したものである。当然、早晩「カリスマ的支配」も日常性の中に姿を没しかねない。通常、俗悪な環境の中でできることは限られているし、その限られたことを実現するためにも膨大なエネルギーが要る。政治家は「それにもかかわらず」と言えなくてはならないとヴェーバーは言う。それだけに、権力感情に身を委ねたり、虚栄心の満足に走ったり、「権力に溺れたナルシシズム」を追い求めることは、精神的弱さの現われであると共に、政治的行為の空しさと悲劇性を知ろうとしない「皮相な尊大さ」の産物である。

「どういう政治をなすべきか」については取り上げないという宣言に従い、政治家の献身すべき目標については、信仰に関わるものとして立ち入ってはいない。しかしその一方で、政治の追求すべき形態については極めて率直に自説を展開している。大雑把な言い方をすれば政策問題に関与しないが、政治のメカニズムの問題——これをヴェーバーは「技術的問題」と呼んでいる——については遠慮していない。そこで顕著なのは、カリスマ的資質を持つ指導者民主制に対する傾倒である。この主張は第一次世界大戦後の新生ドイツの民主制をどう構想するかという極めてアクチュアルな関心事と英米における大衆デモクラシーの目覚ましい組織化の進展との結合物である。このままではドイツは比例代表制を根幹とした「指導者なき民主制」になってしまうという焦燥感、指導者に対する小市民的な反感に対する苛立ち、直接選挙によって選ばれる大統領制の指導者選抜機能への期待の背後には、ドイツの政治的未成熟に対する危機感があったと思われる。こうした彼の主張は歴史の中でさまざまな評価を受けることになる。

この指導者民主制論は一九世紀末から二〇世紀初頭にかけての多くの民主制論と共通点を持っている。彼は選挙権が大衆レベルにまで広がる一方で、大衆の非合理性や情緒性が広範に指摘されるようになった民主制の現実を見ている。これは選ぶはずの側が選ばれる側によって却ってコントロールされる、民主制の内なる空洞化現象に他ならない。実際、民主制が容易に「情緒性を利用した独裁制」になりうることは明らかであって、大衆民主制に潜むこのパラドックスは古い民主制論に対する見直し論としてこの時代の論者によって共有されることになった。ここからエリート主義者(その代表者の一人ロベルト・ミヘルスはヴェーバーの弟子であった)は民主制否定論を導き出したが、ヴェーバーはそれをあくまで反議会主義と「指導者なき民主制」を打破する武器——民主制の「高度化」のための——として動員している。

指導者民主制はいわゆるイデオロギー中心の政治につながり、革命、宣伝と暴力によって彩られた政治を生み出した。一九六〇年代になって「イデオロギーの終焉」が到来し、政治全体が利益政治へと大きく舵を切った。指導者のカリスマ性は経済的な豊かさによって置き換えられ、人々は自分の利益という物差しで政治を判断するようになった。このように利益政治は指導者とそれに従う者との間にあった権威主義的関係を消滅させる上で絶大な効果を持った。それに伴い政党の組織力は徐々に弱体化し、「マシーン」は過去のものとなった。それが最近になると政党の変容と共に再びリーダーへの関心が高まり、政治の「人格化(personalization)」や「大統領制化(presidentialization)」が注目されることになる。これが現代までの見取り図である。

『職業としての政治』はその議論の奥行の深さと内容の一般性において、間違いなく古典たるにふさわしい作品である。個人的な体験で恐縮であるが、かつて政治家の方々との読書会をしたことを思い出す。その際に興味深かったのは彼らの琴線に触れる作品であるか否かに対する感性の鋭さである。そこで本書をテキストの一つとして使ったのであるが、最も盛り上がったのは末尾の「それにもかかわらず(dennoch)」であったことが昨日のように思い出される。これは古典の持っている時空を超えた力の証である。

ヴェーバーは丁度百年前、スペイン風邪で亡くなった。この解説の依頼があったのは新型コロナが猛威を振るっていた最中であった。奇妙なめぐり合わせに誘導されて引き受けてはみたものの、その責めを果たせたかどうか、忸怩たる思いがする。

二〇二〇年六月

ヴェーバーへの感謝を込めて

佐々木　毅

マックス・ヴェーバー略年譜

一八六四年（〇歳）　父マックスと母ヘレーネの長男としてエアフルトにて生まれる（四月二一日）。

一八六九年（五歳）　ヴェーバー家、ベルリンへ転居。

一八七〇年（六歳）　普仏戦争勃発（七月）。

一八七一年（七歳）　ヴィルヘルム一世が皇帝につく。ドイツ帝国成立（一月）。

一八八二年（一八歳）　ハイデルベルク大学入学。

一八八三年（一九歳）　一年志願兵としてシュトラスブルクで軍役。

一八八四年（二〇歳）　ベルリン大学へ移る。

一八八五年（二一歳）　軍事訓練（のちも繰り返し参加）。ゲッティンゲン大学へ移る。

一八八七年（二三歳）　司法官試補に。ベルリンの両親の家で暮らす（九三年まで）。

一八八九年(二五歳)　「中世商事会社の歴史」でベルリン大学より博士号取得。

一八九一年(二七歳)　「ローマ農業史——公法および私法に対するその意義」を教授資格審査のためにベルリン大学に提出。

一八九二年(二八歳)　ベルリン大学の教授資格を取得。「東エルベ・ドイツにおける農業労働者の状態」発表。

一八九三年(二九歳)　マリアンネ・シュニットガーと結婚。

一八九四年(三〇歳)　フライブルク大学正教授に就任。「取引所Ⅰ」発表。

一八九五年(三一歳)　フライブルク大学正教授就任講演「国民国家と経済政策」。

一八九六年(三二歳)　講演「古代文化没落の社会的原因」、「取引所Ⅱ」発表。

一八九七年(三三歳)　ハイデルベルク大学正教授。父と激しく口論。父死去。体調不良に。

一八九八年(三四歳)　神経衰弱と診断。悪化し療養。

一八九九年(三五歳)　休講。のち長期休暇へ。

一九〇〇年(三六歳)　辞意表明(のちも繰り返す)。ウーラハのサナトリウムに滞在。

一九〇一年(三七歳)　イタリア各地、スイスに滞在。

一九〇二年(三八歳)　ハイデルベルクに戻る。

一九〇三年(三九歳)　イタリア、オランダ、ベルギーに滞在。三度目の辞意が容れられ、ハイデルベルク大学正教授を退く。名誉正教授に。「ロッシャーとクニース」発表開始。

一九〇四年(四〇歳)　『社会科学・社会政策雑誌』の編集を引き受ける。「社会科学と社会政策にかかわる認識の「客観性」」発表。アメリカ旅行(八月末～一一月末)。「プロテスタンティズムの倫理と資本主義の精神」第一章発表。

一九〇五年(四一歳)　サンクトペテルブルクで血の日曜日事件、第一次ロシア革命(一月)。「プロテスタンティズムの倫理と資本主義の精神」第二章発表。

一九〇六年(四二歳)　「ロシアにおける市民的民主主義の状態について」、「北アメリカにおける「教会」と「ゼクテ」」、「ロシアの外見的立憲制への移行」発表。

一九〇九年(四五歳)　拡大版「古代農業事情」発表。社会政策学会ウィーン大会で、価値判断論争。

一九一〇年(四六歳)　ネッカール河畔のファレンシュタイン邸に転居。ドイツ社会学会創設。

一九一一年(四七歳)　「音楽社会学」執筆。

一九一三年(四九歳)　「理解社会学のカテゴリー」発表。

一九一四年(五〇歳)　第一次世界大戦勃発(七月)。志願し、ハイデルベルクの陸軍野戦病院で勤務。

一九一五年(五一歳)　弟カール戦死。「儒教と道教」、「中間考察」発表。

一九一六年(五二歳)　「ヒンドゥ教と仏教」発表開始。「講和問題によせて」、「二つの律法のはざま」、「ヨーロッパ列強とドイツ」発表。

一九一七年(五三歳)　「古代ユダヤ教」発表開始。「社会学および経済学の「価値自由」の意味」発表。ロシア二月革命(三月)。アメリカ参戦(四月)。「ロシアの外見的民主制への移行」、「新秩序ドイツの議会と政府」発表。ラウエンシュタイン城での文化会議に参加(五月・一〇月)。ロシア十月革命(一一月)。講演「職業としての学問」(一一月七日)。

一九一八年(五四歳)　独ソでブレスト−リトフスク講和条約(三月)。夏学期、ウィーン大学で授業再開の試み。講演「社会主義」(六月一三日)。キール軍港で水兵反乱、アイスナーのバイエルン共和国成立宣言、シャイデマンの共和国宣言、皇帝亡命(ドイツ革命)、休戦協定(以上、一一月)。講演「ドイツ将来の国家形態」(一一月一七日)。ドイツ民主党に参加。ドイツ内務省で憲法草案起草に関わる(一二月)。

一九一九年(五五歳)　スパルタクス団蜂起、ドイツ労働者党創立、パリ講和会議開始(以上、一月)。「「戦争責任」問題について」発表。講演「職業としての政治」(一月二八日)。私邸で「正義の政治のための研究会」。エーベルト大統領就任、アイスナー暗殺(二月)。条約反対声明のためにパリへ。ヴェルサイユ講和条約締結(六月)。ミュンヘン大学正教授として授業開始。ワイマール憲法公布(八月)。

一九二〇年(五六歳)　アイスナー暗殺犯のアルコ赦免を批判、それに対して学生が講義妨害。ドイツ労働者党が国民社会主義ドイツ労働者党(ナチ党)に改称、綱領採択(二月)。カップ一揆(三月)。ドイツ民主党脱退。『宗教社会学論集』第一巻改訂。急性肺炎でミュンヘンにて死去(六月一四日)。

作成にあたっては、今野元『マックス・ヴェーバー――主体的人間の悲喜劇』(岩波新書、二〇二〇年)および野口雅弘『マックス・ウェーバー――近代と格闘した思想家』(中公新書、二〇二〇年)などを参照した。

索　引

あ　行

か　行

さ　行

た　行

な　行

は　行

ま　行

や　行

ら　行

わ　行

改版にあたって

一、訳者所蔵の文庫旧版(一九八〇年版)に書き残されていた修正を反映させた。
一、著作権継承者の了解を得て、旧版での訳語「心情倫理」を「信条倫理」に改めた。それにあたっては、解説者の佐々木毅氏の助言を得た。
一、新たに「解説」「略年譜」「索引」を付した。

(岩波文庫編集部)

職業《しょくぎょう》としての政治《せいじ》　マックス・ヴェーバー著

1980年3月17日　第1刷発行
2020年9月15日　改版第1刷発行
2024年3月5日　改版第7刷発行

訳　者　脇《わき》　圭平《けいへい》

発行者　坂本政謙

発行所　株式会社　岩波書店
〒101-8002 東京都千代田区一ツ橋2-5-5

案内 03-5210-4000　営業部 03-5210-4111
文庫編集部 03-5210-4051
https://www.iwanami.co.jp/

印刷 製本・法令印刷　カバー・精興社

ISBN 978-4-00-390003-1　Printed in Japan

読書子に寄す

――岩波文庫発刊に際して――

岩波茂雄

真理は万人によって求められることを自ら欲し、芸術は万人によって愛されることを自ら望む。かつては民を愚昧ならしめるために学芸が最も狭き堂宇に閉鎖されたことがあった。今や知識と美とを特権階級の独占より奪い返すことはつねに進取的なる民衆の切実なる要求である。岩波文庫はこの要求に応じそれに励まされて生まれた。それは生命ある不朽の書を少数者の書斎と研究室とより解放して街頭にくまなく立たしめ民衆に伍せしめるであろう。近時大量生産予約出版の流行を見る。その広告宣伝の狂態はしばらくおくも、後代にのこすと誇称する全集がその編集に万全の用意をなしたるか。千古の典籍の翻訳企図に敬虔の態度を欠かざりしか。さらに分売を許さず読者を繋縛して数十冊を強うるがごとき、はたしてその揚言する学芸解放のゆえんなりや。吾人は天下の名士の声に和してこれを推挙するに躊躇するものである。このときにあたって、岩波書店は自己の責務のいよいよ重大なるを思い、従来の方針の徹底を期するため、すでに十数年以前より志して来た計画を慎重審議この際断然実行することにした。吾人は範をかのレクラム文庫にとり、古今東西にわたって文芸・哲学・社会科学・自然科学等種類のいかんを問わず、いやしくも万人の必読すべき真に古典的価値ある書をきわめて簡易なる形式において逐次刊行し、あらゆる人間に須要なる生活向上の資料、生活批判の原理を提供せんと欲する。この文庫は予約出版の方法を排したるがゆえに、読者は自己の欲する時に自己の欲する書物を各個に自由に選択することができる。携帯に便にして価格の低きを最主とするがゆえに、外観を顧みざるも内容に至っては厳選最も力を尽くし、従来の岩波出版物の特色をますます発揮せしめようとする。この計画たるや世間の一時の投機的なるものと異なり、永遠の事業として吾人は微力を傾倒し、あらゆる犠牲を忍んで今後永久に継続発展せしめ、もって文庫の使命を遺憾なく果たさしめることを期する。芸術を愛し知識を求むる士の自ら進んでこの挙に参加し、希望と忠言とを寄せられることは吾人の熱望するところである。その性質上経済的には最も困難多きこの事業にあえて当たらんとする吾人の志を諒として、その達成のため世の読書子とのうるわしき共同を期待する。

昭和二年七月

《法律・政治》〔白〕

- 人権宣言集　高木八尺・末延三次・宮沢俊義 編
- 新版 世界憲法集 第二版　高橋和之 編
- 君主論　マキァヴェッリ／河島英昭 訳
- フィレンツェ史 全二冊　マキァヴェッリ／齊藤寛海 訳
- リヴァイアサン 全四冊　ホッブズ／水田洋 訳
- 法の精神 全三冊　モンテスキュー／野田良之・稲本洋之助・上原行雄・田中治男・三辺博之・横田地弘 訳
- 教育に関する考察　ロック／服部知文 訳
- 完訳 統治二論　ジョン・ロック／加藤節 訳
- 寛容についての手紙　ジョン・ロック／加藤節・李静和 訳
- キリスト教の合理性　ジョン・ロック／加藤節 訳
- ルソー 社会契約論　桑原武夫・前川貞次郎 訳
- アメリカのデモクラシー 全四冊　トクヴィル／松本礼二 訳
- リンカーン演説集　高木八尺・斎藤光 訳
- 権利のための闘争　イェーリング／村上淳一 訳
- 近代人の自由と古代人の自由・征服の精神と簒奪 他一篇　コンスタン／堤林剣・堤林恵 訳
- 民主主義の本質と価値 他一篇　ハンス・ケルゼン／長尾龍一・植田俊太郎 訳
- 外交談判法　カリエール／坂野正高 訳
- 危機の二十年 ―理想と現実　E・H・カー／原彬久 訳
- ザ・フェデラリスト　A・ハミルトン・J・ジェイ・J・マディソン／斎藤眞・中野勝郎 訳
- アメリカの黒人演説集 ―キング・マルコムX・モリスン 他　荒このみ 編訳
- モーゲンソー 国際政治 ―権力と平和 全三冊　原彬久 監訳
- ポリアーキー　ロバート・A・ダール／高畠通敏・前田脩 訳
- 現代議会主義の精神史的状況 他一篇　カール・シュミット／樋口陽一 訳
- 政治的なものの概念　カール・シュミット／権左武志 訳
- 第二次世界大戦外交史 全二冊　芦田均
- 憲法講話　美濃部達吉
- 日本国憲法　長谷部恭男 解説
- 民主体制の崩壊 ―危機・崩壊・再均衡　ファン・リンス／横田正顕 訳
- 憲法　鵜飼信成

《経済・社会》〔白〕

- 政治算術　ペティ／大内兵衛・松川七郎 訳
- 国富論 全四冊　アダム・スミス／水田洋 監訳／杉山忠平 訳
- 法学講義　アダム・スミス／水田洋 訳
- コモン・センス 他三篇　トーマス・ペイン／小松春雄 訳
- 経済学における諸定義　マルサス／玉野井芳郎 訳
- オウエン自叙伝　ロバアト・オウエン／五島茂 訳
- 戦争論 全三冊　クラウゼヴィッツ／篠田英雄 訳
- 自由論　J・S・ミル／塩尻公明・木村健康 訳
- 大学教育について　J・S・ミル／竹内一誠 訳
- 功利主義　J・S・ミル／関口正司 訳
- イギリス国制論 全二冊　バジョット／遠山隆淑 訳
- ユダヤ人問題によせて ヘーゲル法哲学批判序説　マルクス／城塚登 訳
- 経済学・哲学草稿　マルクス／城塚登・田中吉六 訳
- 新編輯版 ドイツ・イデオロギー　マルクス・エンゲルス／廣松渉 編訳／小林昌人 補訳
- マルクス エンゲルス 共産党宣言　大内兵衛・向坂逸郎 訳
- 賃労働と資本　マルクス／長谷部文雄 訳
- 賃銀・価格および利潤　マルクス／長谷部文雄 訳
- マルクス 経済学批判　武田隆夫・遠藤湘吉・大内力・加藤俊彦 訳
- マルクス 資本論 全九冊　エンゲルス 編／向坂逸郎 訳
- トロツキー わが生涯 全二冊　森田成也・志田昇 訳

空想より科学へ ―社会主義の発展　エンゲルス　大内兵衛訳
帝国主義論 全二冊　ホブスン　矢内原忠雄訳
帝国主義　レーニン　宇高基輔訳
国家と革命　レーニン　宇高基輔訳
ローザ・ルクセンブルク獄中からの手紙　秋元寿恵夫訳
雇用、利子および貨幣の一般理論 全二冊　ケインズ　間宮陽介訳
シュムペーター経済発展の理論 全二冊　塩野谷祐一　中山伊知郎　東畑精一訳
シュムペーター経済学史 ―学説ならびに方法の諸段階　中山伊知郎　東畑精一訳
租税国家の危機　シュムペーター　木村元一　小谷義次訳
日本資本主義分析　山田盛太郎
恐慌論　宇野弘蔵
経済原論　宇野弘蔵
資本主義と市民社会 他十四篇　大塚久雄　齋藤英里編
共同体の基礎理論 他六篇　大塚久雄　小野塚知二編
ユートピアだより　ウィリアム・モリス　川端康雄訳
社会科学と社会政策にかかわる認識の「客観性」　マックス・ヴェーバー　富永祐治　立野保男訳　折原浩補訳
プロテスタンティズムの倫理と資本主義の精神　マックス・ヴェーバー　大塚久雄訳

職業としての学問　マックス・ヴェーバー　尾高邦雄訳
社会学の根本概念　マックス・ヴェーバー　清水幾太郎訳
職業としての政治　マックス・ヴェーバー　脇圭平訳
古代ユダヤ教 全三冊　マックス・ヴェーバー　内田芳明訳
宗教と資本主義の興隆 歴史的研究 全二冊　トーニー　出口勇蔵・越智武臣訳
世論 全二冊　リップマン　掛川トミ子訳
鯰絵 ―民俗的想像力の世界　C・アウエハント　小松和彦・中沢新一　飯島吉晴・古家信平訳
贈与論 他二篇　マルセル・モース　森山工訳
国民論 他二篇　マルセル・モース　森山工編訳
ヨーロッパの昔話 その形と本質　マックス・リュティ　小澤俊夫訳
独裁と民主政治の社会的起源 ―近代世界形成過程における領主と農民 全二冊　バリントン・ムーア　宮崎隆次　森山茂徳　高橋直樹訳
大衆の反逆　オルテガ・イ・ガセット　佐々木孝訳

《自然科学》〔青〕

ヒポクラテス医学論集　國方栄二編訳
科学と仮説　ポアンカレ　河野伊三郎訳
ロウソクの科学　ファラデー　竹内敬人訳
種の起原 全二冊　ダーウィン　八杉龍一訳

自然発生説の検討　パストゥール　山口清三郎訳
完訳ファーブル昆虫記 全十冊　山田吉彦　林達夫訳
科学談義　T・H・ハックスリ　小泉丹訳
メンデル雑種植物の研究　岩槻邦男　須原準平訳
アインシュタイン相対性理論　内山龍雄訳・解説
相対論の意味　アインシュタイン　矢野健太郎訳
アインシュタイン一般相対性理論　小玉英雄編訳・解説
自然美と其驚異　ジョン・ラバック　板倉勝忠訳
ダーウィニズム論集　八杉龍一編訳
ニールス・ボーア論文集1 因果性と相補性　山本義隆編訳
ニールス・ボーア論文集2 量子力学の誕生　山本義隆編訳
ハッブル銀河の世界　戎崎俊一訳
パロマーの巨人望遠鏡 全二冊　D・O・ウッドベリー　関正雄　湯澤博　成相恭二訳
生物から見た世界　ユクスキュル　クリサート　日高敏隆　羽田節子訳
ゲーデル不完全性定理　林晋　八杉満利子訳
日本の酒　坂口謹一郎
生命とは何か ―物理的にみた生細胞　シュレーディンガー　岡小天　鎮目恭夫訳

岩波文庫の最新刊

カント著／熊野純彦訳
人倫の形而上学
第一部　法論の形而上学的原理

カントがおよそ三十年間その執筆を追求し続けた、最晩年の大著。第一部にあたる本書では、行為の「適法性」を主題とする。新訳による初めての文庫化。
〔青六二六-四〕　定価一四三〇円

オクタビオ・パス作／野谷文昭訳
鷲か太陽か？

「私のイメージを解き放ち、飛翔させた」シュルレアリスム体験が色濃い散文詩と夢のような味わいをもつ短篇。ノーベル賞詩人初期の代表作。一九五一年刊。
〔赤七九七-二〕　定価七九二円

クライスト作／山口裕之訳
ミヒャエル・コールハース　チリの地震　他一篇

領主の横暴に対し馬商人コールハースが正義の回復のために立ち上がる。日常の崩壊とそこで露わになる人間本性を描いた三作品。重層的文体に挑んだ新訳。
〔赤四一六-六〕　定価一〇〇一円

マックス・ウェーバー著／野口雅弘訳
支配について
Ⅱ　カリスマ・教権制

カリスマなきあとも支配は続く。何が支配を支えるのか。支配の諸構造を経済との関連で論じたテクスト群。関連論文や訳註、用語解説を付す。（全二冊）
〔白二一〇-二〕　定価一四三〇円

今月の重版再開

エウリーピデース作／松平千秋訳
ヒッポリュトス
―パイドラーの恋―
定価五五〇円
〔赤一〇六-一〕

W・S・モーム著／西川正身訳
読書案内
―世界文学―
定価七一五円
〔赤二五四-三〕

定価は消費税 10％ 込です　　2024. 1

岩波文庫の最新刊

網野善彦著
日本中世の非農業民と天皇（上）

山野河海という境界領域に生きた中世の「職人」たちの姿を通じて、天皇制の本質と根深さ、そして人間の本源的自由を問う、著者の代表的著作。（全二冊）
〔青N四〇二-二〕 定価一六五〇円

エーリヒ・ケストナー作／酒寄進一訳
独裁者の学校

大統領の替え玉を使い捨てにして権力を握る大臣たち。政変が起きるが、その行方は…。痛烈な皮肉で独裁体制の本質を暴いた、作者渾身の戯曲。
〔赤四七一-三〕 定価七一五円

ラインホールド・ニーバー著／千葉 眞訳
道徳的人間と非道徳的社会

個人がより善くなることで、社会の問題は解決できるのか。二〇世紀アメリカを代表する神学者が人間の本性を見つめ、政治と倫理の相克に迫った代表作。
〔青N六〇九-一〕 定価一四三〇円

トマス・アクィナス著／稲垣良典・山本芳久編／稲垣良典訳
精選 神学大全2 法論

トマス・アクィナス(一二二五頃-一二七四)の集大成『神学大全』から精選。2は人間論から「法論」、「恩寵論」を収録する。解説＝山本芳久、索引＝上遠野翔。（全四冊）
〔青六二一-四〕 定価一七一六円

……今月の重版再開……

高浜虚子著
立子へ抄
―虚子より娘へのことば―
定価一二二一円
〔緑二八-九〕

喜安 朗訳
フランス二月革命の日々
―トクヴィル回想録―
定価一五七三円
〔白九-一〕